高等职业教育质量第三方评估研究

■ 赵利堂 著

中国海洋大学出版社

·青岛·

图书在版编目（CIP）数据

高等职业教育质量第三方评估研究/赵利堂著. —
青岛:中国海洋大学出版社,2022.4

ISBN 978-7-5670-3133-3

Ⅰ. ①高… Ⅱ. ①赵… Ⅲ. ①高等职业教育－教育质
量－质量评价－研究－中国 Ⅳ. ① G718.5

中国版本图书馆 CIP 数据核字（2022）第 058976 号

Research on the Third Party Evaluation of Higher Education Quality
高等职业教育质量第三方评估研究

出版发行	中国海洋大学出版社		
社　　址	青岛市香港东路 23 号	邮政编码	266071
出 版 人	杨立敏		
网　　址	http://pub.ouc.edu.cn		
电子信箱	appletjp@163.com		
订购电话	0532－82032573（传真）		
责任编辑	滕俊平	电　　话	0532－85902342
装帧设计	青岛汇英栋梁文化传媒有限公司		
印　　制	北京虎彩文化传播有限公司		
版　　次	2022 年 4 月第 1 版		
印　　次	2022 年 4 月第 1 次印刷		
成品尺寸	170 mm × 240 mm		
印　　张	9.25		
字　　数	186 千		
印　　数	1—1000		
定　　价	46.00 元		

发现印装质量问题,请致电 18600843040,由印刷厂负责调换。

推进管办评分离，构建政府、学校、社会之间的新型关系，是全面深化教育领域综合改革的重要内容，也是全面推进依法治教的必然要求。从《国家中长期教育改革和发展规划纲要（2010—2020年）》提出探索建立"学生及其家长、研究机构、就业单位、行业协会等利益相关方共同参与的第三方人才培养质量评价制度，促进管办评分离"开始，《中共中央关于全面深化改革若干重大问题的决定》《国务院关于加快发展现代职业教育的决定》《教育部关于深入推进教育管办评分离　促进政府职能转变的若干意见》均对高等教育第三方评估提出了明确的要求。

第三方评估的产生和发展是我国国家治理从行政管理到科学治理转型的重要体现。高等教育第三方评估改善了高等教育评估由政府主导的单一局面，是政府治理理念在文化教育领域的重要体现。在西方，从美国学者伯顿·克拉克提出三角形理论，认为要从高等教育系统与国家、市场和学术权威三者整合的视角建立"缓冲机构"开始，西方学者就将第三方评估看作社会治理的范畴，无论是理论还是实践，在西方社会都有较好的发展基础。在我国，正如《教育部关于深入推进教育管办评分离促进政府职能转变的若干意见》所述，"我国教育体制改革在不断深化，政府、学校、社会之间关系逐步理顺，但政府管理教育还存在越位、缺位、错位的现象，社会参与教育治理和评价还不充分"。因此，从学理层面理清管办评分离背景下高职教育质量第三方评估的功能角色、评估理念、主体构成和流程机制等问题，并立足于中国国情探讨第三方评估的角色和功能、市场准入和竞争监督机制、外部环境支持、立法保障等实践问题，对有效缓解我国高职教育质量第三方评估面临的合法性支持不足、对政府资源依赖严重、社会文化认同缺乏等现实困境，具有重要的理论意义和实践价值。

本书首先从国际比较和本土实践两个层面分析当下高职教育质量第三方评估的理论背景和实践背景,明晰高职教育质量第三方评估的基本内涵、理论依据以及国外实践经验。其次从三个向度重点探讨高职教育质量第三方评估的本体内容,即评估的理念、评估的主体以及评估的流程,具体包括审视高职教育质量第三方评估的目标理念、主体理念、内容理念和过程理念,解析国外民间组织主导型、政府主导型以及同行主导型三种不同主体的发展逻辑和价值取向,并通过实际调研国家层面、区域层面、学校层面三个层次的第三方评估案例,分析高职教育质量第三方评估流程的经验、价值取向以及应然模式。最后,提出通过政府本位、社会本位、组织本位和学术本位四位一体的高职教育质量第三方评估发展保障机制,探究政府、高职院校与第三方评估机构之间的促进和制衡关系,以期建立管办评分离背景下的高职教育质量长效协同保障机制。

希望本书能为广大关注教育领域综合改革之管办评分离、职业教育评估和第三方评估的读者做出一点点贡献。

由于时间仓促和水平有限,书中难免存在缺陷,敬请批评指正!

赵利堂

2022 年 3 月 30 日

目录
CONTENTS

第一章 绪 论

第一节 问题缘起

改革开放以来,我国教育事业取得了举世瞩目的成就,实现了从人口大国向人力资源强国的历史性转变。高职教育作为我国高等教育的重要组成部分和不可替代的一环,也取得了历史性飞跃。2021 年全国教育事业统计数据显示,全国共有高等学校 3012 所(含成人高等学校 256 所和统招院校 2756 所)。其中,有普通本科学校1238 所,本科层次职业学校 32 所,高等职业院校(高职高专)1486 所。如果将统招院校分为普通高等院校和职业高等院校,则普通高等院校占高校总数的 45%,而职业高等院校占 55%。高职教育已占我国高等教育的半壁江山。2022 年 4 月 21 日,国务院新闻办公室发布的《新时代的中国青年》白皮书指出,2021 年中国高等教育毛入学率达 57.8%,在学总规模达 4430 万人,居世界第一。根据国际分类标准,"处于精英教育阶段的高等教育毛入学率在 15% 以下,处于大众化阶段的高等教育毛入学率在 15%~50%,处于普及化阶段的高等教育毛入学率在 50% 以上"[①]。根据以上标准,我国的高等教育已经步入后大众化时期。高等教育后大众化是日本学者有本章在运用美国学者马丁·特罗的大众化理论考察日本高等教育状况时提出的,是指高等教育大众化发展到一定时期,办学规模急速扩张,适龄人口毛入学率急剧增长,是实现高等教育普及化之前的一个相对平缓的"平台期"。[②]高职教育一方面满足了不同民众对教育多样化的需求,成为高等教育大众化及普及化的重要形式;另一方面也为经济社会发展输送了大批高素质的技能型人才,有力地推动了经济社会的发展。我国高职教育与高等教育的发展对比如表 1-1 所示。

---

① 张晓立. 解析美国高等教育 [M]. 北京:中央编译出版社,2011:56.

② 于杨. 后大众化阶段高等教育质量保障的特点及发展趋势 [J]. 高等教育研究,2016,37(3):39-45.

表1-1　我国高职教育与高等教育的发展对比

	2010 年	2015 年	2021 年
高等教育在校总规模/万人	2232	2625	3496
高职在校生/万人	966	1049	1590
高职在校生占比/%	43.28	39.96	45.48

注：根据《中国教育统计年鉴》(2010、2015、2021)整理得出。

但是，正如马丁·特罗所提出的，在高等教育的规模扩张过程中，高等学校的教学与科研质量受到严重威胁。随着我国高等教育从精英教育向大众教育转型，招生规模的急剧扩张引发的高等教育培养质量的问题引起社会各界的广泛关注。"随着数量的扩张，大众化过程中和大众化之后，教育质量成为高等教育自身发展的关键，是社会各界最为关注的问题。"[①]

高职教育经过前期的规模扩张，加上投入不足、理念滞后、质量保障机制不健全、教学改革与管理模式创新滞后等因素影响，出现人才培养质量下降、区域内部和区域之间发展不均衡等现象，高职教育的质量提升和内涵发展成为当前我国高职教育发展的当务之急。鉴于此，《国家中长期教育改革和发展规划纲要(2010—2020年)》提出，全面提高高职教育的教学质量，建立健全职业教育质量保障体系，吸收企业参加教育质量评估。2015年，《教育部关于深化职业教育教学改革全面提高人才培养质量的若干意见》颁发，要求"深化职业教育教学改革，全面提高人才培养质量"。2020年9月，教育部等九部门联合发布了《职业教育提质培优行动计划(2020—2023年)》，要求"提质培优、增值赋能、以质图强，加快推进职业教育现代化"。高职教育的培养质量成为政府和社会各界持续关注的热点。因此，开展高职教育质量第三方评估研究具有重要的价值和意义。

一、时代呼唤：管办评分离的治理体系改革的应然要求

推进国家治理体系和治理能力现代化是全面深化改革的总目标，也是时代发展的必然要求。高等教育治理体系是国家治理体系的重要组成部分，推进管办评分离是高等教育治理体系改革和提升高等教育质量的重要举措。早在1992年国家教委就发布了《关于国家教委直属高校深化改革，扩大办学自主权的若干意见》，强调要促进政府简政放权，推动部委直属高等学校转换运行机制、增强自主办学活力。21世纪，《国家中长期教育改革和发展规划纲要(2010—2020年)》明确提出，"深化教育管理体制改革，促进管办评分离"。2015年5月，教育部颁布《教育部关于深入推

---

① 汪雁. 试析中国高等教育评估中介机构的构建：借鉴美英法三国评估经验，构建我国高等教育评估中介机构 [D]. 南京：东南大学，2005：1.

进教育管办评分离　促进政府职能转变的若干意见》，强调继续推进教育管办评分离。评估是监测、监督和保障高职教育质量的有力措施，高职教育质量评估工作的发展必须顺应管办评分离的时代要求。管办评分离的治理体系改革对高职教育质量评估工作提出了新的要求，政府、学校与社会必须各司其职，形成"政府管教育、学校办教育、社会评教育"的新型高职教育质量评估机制。①

我国的高职教育质量评估工作启动于 2004 年，当年教育部成立了高职高专人才培养工作水平评估委员会，制定了《高职高专人才培养工作水平评估方案》《高职高专人才培养工作水平评估指南》《高职高专人才培养工作水平评估细则》等一系列政策文件，具体指导和实施高职教育质量评估工作。经过对 26 所学校试点评估并修正，教育部于 2008 年正式颁发了统一的高职教育质量评估方案——《高等职业院校人才培养工作评估方案》。②该方案在规范高职院校依法办学、推动高职院校培养质量提升方面发挥了较大作用。但由于该评估方案遵循了传统的评估范式，自上而下由政府主导而缺少社会力量的参与，因此评估环境封闭、评估主体单一、管理主义色彩较浓；过度关注评估指标、评估理论等评估的科学性，而忽略了评估的价值取向及利益相关者的多元人文诉求。③此外，由于评估过程中信息不对称、评估成本高、存在权力寻租等弊端，引发公众对评估效果和评估公信力的质疑，社会各界要求改革高职教育质量评估制度的呼声日益强烈。事实上，管办评分离的本质就是引入第三方评估。在政府转变职能，促进管办评分离的宏观背景下，我国高等教育体制改革的目标是建立政府宏观管理、社会广泛参与、市场适度调节、学校自主办学的现代高校治理新体系。治理理论认为，在公共管理的行动者中，政府不是唯一的权力中心，在某些领域，非政府组织和个人比政府拥有更大的优势。④弗里曼提出了利益相关者管理理论，认为企业的利益相关者应该包括企业的交易伙伴、政府部门、本地社区、媒体等压力集团，还包括自然环境等受到企业经营活动直接或间接影响的客体。⑤高校中至少存在两个相对的利益主体，即行政和社会。由此可见，政府和学校外的社会力量也应是高职教育质量评估的主体，第三方评估正是利益相关者参与高校治理的一种重要方式。因此在管办评分离的治理改革背景下，推进高职教育质量第三方评估迫在眉睫。

① 周海涛. 高等教育"管办评分离"的缘由与路径 [J]. 国家教育行政学院学报，2014（3）：3-8.
② 杨应崧. 自源头开始的探索：高等职业院校人才培养工作评估方案导读 [J]. 中国高教研究，2008（8）：69-71.
③ 刘晓敏. 高等职业教育评价的现状、问题及对策研究 [J]. 职业技术教育，2005，26（7）：20-23.
④ 陈家刚. 全球治理：概念与理论 [M]. 北京：中央编译出版社，2017：16.
⑤ 〔美〕R. 爱德华·弗里曼. 战略管理：利益相关者方法 [M]. 王彦华，梁豪，译. 上海：上海译文出版社，2006：78.

二、民众期待：高职教育质量评估制度发展的困境突破

高职教育的固有属性呼唤多方参与的新评估制度。高职教育是以培养符合职业或劳动环境所需的技能型人才为目标的一种高等教育类型。它以职业需求为导向，其职业意识、职业规范、职业标准等与职业技术相关的培养内容和体系与普通高等教育有较大差异。因此，有学者说，"职业教育是与经济发展关系最紧密的教育形式，职业教育与经济发展互相依存、密不可分；职业教育与经济发展良性互动；同时，高等职业教育与经济发展协调适应"①。高职教育的高等教育性、职业本位性、技能导向性及社会开放性等多重属性决定了影响高职教育质量提高的因素具有开放、跨界、多元的特点。上述特征决定了高职教育的评估主体应该是多元的，学校的专业设置、招生规模等是否能满足经济发展的要求，培养的人才是否适应行业企业的需要，必须让行业企业参与评估。因此，除了评估者和委托方，行业、企业、一线教师、学生、家长等社会力量作为高职教育的服务对象，也是高职教育的利益相关者。因此，上述群体作为第三方应该参与高职教育质量评估，并应该成为高职教育质量第三方评估的主体。高职院校不仅应是教育管理部门的监管对象，也应是评估的主体。为保障多方利益，迫切需要引入第三方评估制度。随着社会主义市场经济的发展、社会结构的转型、公民意识的觉醒，传统的行政评估所体现的管理主义倾向、忽略评估价值的多元性、过分强调调查等缺陷日益彰显并广受社会诟病，社会各方表现出强烈的变革评估制度的愿望。从利益相关者理论视角出发，高职教育质量评估涉及多方利益，高职教育质量评估应包括多方参与、协商合作、服务意识和教育开放等核心要素。②保障社会多方的利益，必须改变自上而下传统的评估制度，引入多方参与的第三方评估机制，以回应社会民众的制度期待。

三、理论回应：评估理论发展，期待高职教育质量评估的范式转换

根据美国教育家古贝和林肯的划分，第一代评估的本质是测量，因此这代评估被称为测量时代。第二代评估与第一代不同，它以学生为评估客体，描述教育结果与教育目标的一致程度，因此，这代评估的本质是描述。尽管此时还保留着早期评估的技术性，但描述不等同于评估，而是一种评估工具。泰勒的"八年研究"项目是第二代描述性评估的最好例证。第三代评估发生在 1957 年苏联的人造卫星发射以后，它以判断为活动特征。当时美国社会认为其教育已经落后于苏联，因此进行教育改革，第三代评估因此产生。评估者在保持了技术性和描述性功能的基础上也成为评判员。20 世纪 80 年代以后，古贝和林肯认为，前三代评估理论忽略了评估价值的多元性，过分强调评估范式的科学性，并认为评估就是对被评事物赋予价值，其本质就

---

① 黄尧. 职业教育学原理与应用 [M]. 北京：高等教育出版社，2009：108.
② 吴岩. 高等教育公共治理与"五位一体"评估制度创新 [J]. 中国高教研究，2014（12）：14-18.

通过"协商""回应"最终形成的"心理构建",评估的出发点在于回应利益相关者的诉求,评估的结果是达成一致的看法。以测量、描述和判断为标志的前三代评估理论都使用科学范式来引导其方法论,但这种对科学方法的过分依赖产生了不良结果。首先,"科学是纯粹价值中立的"这一说法逃避了评价者的道德责任,过度依赖数的测量则容易忽视质的评价,科学方法和实证技术只是人类认识、评价事物的一类方法而非全部。其次,社会在根本上是价值多元化的,由于价值多元性的存在,人们通常会质疑教育评价是谁做的、为谁做评价。受到伤害的评价者通常会采取不合作的态度,甚至评估结果也难以被具有其他文化背景和价值观的人接受。再次,管理者通过资助评价,决定评价的范围、任务和对象以控制评价,这种关系通常会导致管理者总是正确,管理者与评价者之间的关系有失公平。一旦分歧出现,决策权掌握在管理者手中而其他利益相关者无法表达自己的诉求。前三代评估理论的这些弊端迫切需要弥补,第四代评价理论应运而生。"范式"(paradigm)源自希腊词"paradeigma",原指"模范"或"模型",是指"以特定的科学共同体从事某一类科学活动所必须遵循的公认'模式',这一特定的科学共同体具有与科学研究有关的所有东西,包括世界观、基本理论、范例、方法、手段、标准等"①。

改革开放以来,我国高职教育质量评估经历了"借鉴普通高等专科学校的评估阶段(1985—1999年)""逐步形成独立的高职教育质量评估阶段(1999—2003年)""走出'本科压缩饼干'阶段(2004—2007年)""探索管办评分离阶段(2008年至今)"四个演化阶段。②与此同时,高职教育质量评估从一穷二白到方兴未艾,从借鉴迁移到自成话语,评估对象之宽泛、评估形式之多样、评估影响之广大可谓历史空前,昭示了我国教育主管部门以及广大高职教育工作者对提升教育质量的孜孜以求,而我国高职教育的评估范式也在理论研究和实践探索中逐步生成。但当前我国现行的高职教育质量评估范式仍然是前三代评估的理论产物,无法摆脱前三代评估理论的局限性。③随着我国高职教育课程改革及第四代评估的兴起,传统的教育评估范式受到挑战,我国高职教育质量评估范式应顺势转型,探索符合第四代评估理念的高职教育质量评估范式。我国从2010年逐渐探索建立"学生及其家长、研究机构、就业单位、行业协会等利益相关方共同参与的第三方人才培养质量评价制度",高职教育质量第三方评估发展方兴未艾。2011年,教育部接连颁发三份重要文件——《关于充分发挥行业指导作用,推进职业教育改革发展的意见》《教育部关于

---

① 〔美〕托马斯·库恩.科学革命的结构:第4版[M].金吾伦,胡新和,译.北京:北京大学出版社,2003:56.

② 陆燕飞,陈嵩.我国高等职业教育评估制度政策发展探析[J].上海教育评估研究,2015(4):9-16.

③ 刘晓敏.高等职业教育评价的现状、问题及对策研究[J].职业技术教育,2005,26(7):20-23.

推进中等和高等职业教育协调发展的指导意见》《教育部、财政部关于支持高等职业学校提升专业服务产业发展能力的通知》,均强调多主体共同参与职业教育质量评估。从以上文件可见,无论是在官方还是在民间,建立与现代高职教育体系相适应的第三方评估范式成为当下我国高职教育迫切需要探讨的一项重要课题。随着我国高职教育课程改革及第四代评估的兴起,传统的教育评估范式受到挑战,高职教育质量评估范式也应顺势转型,从评估的理念、功能、体制、职能、队伍、模式、结果反馈等方面进行相应的研究和改革,因此建立与现代高职教育体系相适应的教育评估范式是当下我国高职教育迫切需要探讨的一项重要课题。

第二节　研究意义

加强对高职教育质量第三方评估的研究,对提高高职教育质量评估质量,完善高职教育质量保障体系,监督和引导高等职业院校健康发展,构建与国际接轨的现代高职院校治理体系具有重要的意义。

一、理论意义

一是加强高职教育质量第三方评估理论的研究,将强化社会对第三方评估的价值导向、内涵特点、功能原则等方面的认识,不仅有助于丰富我国教育管办评分离改革及现代高职院校治理体系的理论基础和研究方法,也为构建适合我国国情的第三方教育评估机制,尤其是建立适合我国现代职业教育体系的评估机制提供新的研究视角。[①]二是第四代评估评论是当前西方国家最新的外部质量保障理论,以第四代评估理论为参照,从评估理念、评估主体、评估流程、评估机制保障等向度对我国高职教育质量评估机制进行研究,为我国高职教育质量第三方评估机制的构建提供了新的理论依据,丰富了我国高职教育质量评估理论的视野及内涵。

二、实践意义

高职教育具有跨领域、跨学科、职业性、技术性等职业教育特有的特点。加强第三方评估研究,拓宽高职教育质量评估的社会参与,有助于促进高职教育质量评估的校企融合,使高职教育更有效地服务社会经济的发展。针对当前我国第三方评估的法律不健全、机制不完善、市场不成熟、社会参与不充分、公信力不高等现状,加强对第三方评估的研究具有较强的现实意义,不仅有利于推进管办评分离,有效规

---

① 邬大光,李国强.《教育规划纲要》实施五年进展与高等教育未来方向的基本判断:《高等教育第三方评估报告》前言 [J]. 中国高教研究,2016(1):4-11.

范高校、政府和社会三者之间的权责边界,而且有利于优化评估的诊断与改进功能,从而提升高职教育的培养质量,完善我国高职教育的质量保障体系,使其发挥实质作用。

第三节　核心概念界定

在"高职教育质量第三方评估"的研究选题中,有三个核心的概念群:一是指向范围的概念——高职教育;二是指向对象性与属性的概念——高职教育质量;三是指向动作与行为的概念——教育评估。三个核心概念群相互关联,但又以评估为所有活动的中心。

教育质量是高职教育重要的价值概念;教育评估则是高职教育重要的行为概念;在两个概念之间,是教育评估。然而,教育评估又有很多种方式,其中,根据评价主体和性质的不同,可以分为外部评估(即行政性评估)、内部评估(即自我评估)和第三方评估(非官方的中介评估)等。因此,本书亟待厘清高职教育、高职教育质量、教育评估和第三方评估等概念的内涵。

一、高职教育

从学校名称来看,不同的历史时期,我国高职教育有不同的称谓,如高等专科学校、职业学院、职业技术学院和职业大学均属于高职教育。从规格层次来看,我国高职教育属于高等教育层次。从培养宗旨来看,我国高职教育是培养高等技术性应用型人才的教育,重点培养学生的基本技能、基本能力和职业精神。[1] 王根顺、王成涛将高职教育定义为"学习职业技能,培养技术技能型高级专门人才的实践活动"[2]。张海峰、王义谋认为,"高职教育第一属性是高等教育,目的是培养高技术的专门人才"[3]。陈英杰从综合观出发,指出高职教育至少应包括以下内涵:高职教育的本质属性是高等教育;高职教育的社会属性是行业教育的高级形式;高职教育的表现属性是有明确的层次实体;高职教育的发展属性是终身教育的初级形式。[4] 梁志等强调高职教育概念的复合性,提出从不同角度划分,应分别考虑其高等教育性、职业性、

[1] 教育部.教育部关于加强高职高专教育人才培养工作的意见 [EB/OL]. http://www.moe. gov.cn/s78/A08/tongzhi/201007/t20100729_124842.html.

[2] 王根顺,王成涛.高等职业技术教育的概念、性质与作用初探 [J].当代教育论坛,2003 (6): 89-92.

[3] 张海峰,王义谋.高等职业教育概念的科学界定 [J].中国职业技术教育,2002 (18):34-35.

[4] 陈英杰.高职研究中概念和问题的梳理 [J].职业教育研究,2006 (9):4-6.

技术性等特征。①

关于高职教育的概念各有侧重,但都难以从本质上将其他教育形式与其区分。本书认为,对高职教育的界定必须抓住其核心性质,即职业性和专业性,以下从五个关键维度进行剖析:一是层级性,高职教育属于初等教育和中等教育之上的高等教育;二是专业性,高职教育的教育内容主要是技术知识,属于专业教育;三是应用性,高职教育是培养应用性技术人才的教育;四是实践性,高职教育的教学目的和方式带有浓厚的实践性,是围绕就业、创业实践活动开展的;五是主体性,高职教育按培养主体分为学历教育和非学历教育。② 基于此,本书将高职教育界定为:高职教育是高等职业技术教育的简称,是中等教育之后,以培养高级技术人才为目标,对学生进行职业能力、职业道德和职业精神等职业素养的教育,以技术知识为主要内容的应用性的专业教育。

二、高职教育质量

基于语义学的视角解读,质量描述的是某一特定实体的客观状态,但其并未进行优劣识别和价值判断。后来,随着"质量"概念在各个领域的广泛应用,质量的内涵里增加了价值判断的内容。《现代汉语词典》中,"质量"是指事物、产品或工作的优劣程度。管理学上,质量是"一种与能满足或超过期望的产品、服务、人员、过程和环境相联系的动态的状态"。美国质量管理协会和欧洲质量管理组织认为,质量是产品或服务内在特性或外部特性的总合,以此构成其满足给定需求的能力。国际标准化组织(ISO)对质量的定义是实体满足明确或隐含需要能力的总和。③ 综上所述,质量是指固有特性满足要求的程度。固有特性指某一特定事物内在的、永久具有的特性。质量的状态常用形容词(如优、劣、中、差等)描述。

事实上,"教育质量"的概念至今仍存在较大争议。《教育大辞典》(第7卷)将"教育质量"定义为"以培养对象质量为参照,指示教育水平的高低、优劣程度"。"教育质量"的概念是多层次、多维度的,要避免用单一的维度定义教育质量,不同形式

---

① 梁志,赵祥刚.高等职业教育的概念解析及其内涵的厘定[J].山东师范大学学报(人文社会科学版),2008(1):88-91.

② 潘懋元.建立高等职业教育独立体系刍议[J].教育研究,2005(5):26-29;吴岩.高等职业教育发展定位中的若干问题[J].职业技术教育,2004,25(19):13-15;吴岩.高等职业教育发展定位的几个问题[J].教育研究,2005(5):31-34;谈松华.从外延扩张到内涵建设:高职教育发展的新选择[J].教育研究,2005(5):29-31;陈智.以人为本,探索通专结合的高职教育人才培养模式[J].教育研究,2005(5):34-35;郑佳.论高等职业教育体系、定位、发展与模式的构建[J].现代职业教育,2017(6):168-168.

③ 田保华.评价即育人:微论道德课堂理念下的教育评价指向[J].基础教育参考,2015(24):13-14.

的教育在"教育质量"概念上也应该有所不同。[①] 关于"教育质量"的概念界定有八种类型：一是过程观，强调教育质量的衡量要深入考察教育过程[②]；二是要素观，强调对教育质量的考察要关照到全部教育要素，包括物质要素和人文要素[③]；三是阶段观，强调对不同阶段教育质量的考察应该有不同的标准[④]；四是目标观，强调目标需求驱动，教育质量的衡量要围绕目标来进行[⑤]；五是产品观，强调教育的产品属性，把教育当作产品来考察其质量[⑥]；六是需求观，强调把学生和社会等对教育的需求满足程度当作衡量教育质量的标准[⑦]；七是适应观，强调教育的适应性是衡量教育质量的核心标准[⑧]；八是系统观，强调把教育当作一个各要素协同运行的系统，考察教育质量就是考察教育活动系统功能实现的程度[⑨]。也有学者认为，根据教育满足主体功能的适应性，教育质量观分为内适性观、外适性观和个体适应观。因为，高职教育属于教育的一个分支，所以高职教育质量的定义也须符合教育质量的定义。基于此，本书将"高职教育质量"界定为高职教育在培养投入、过程和产出上表现出的高职教育系统功能实现的程度，即学生和社会等多方的满足程度。

三、教育评估

评估，即评价、估量、测算，英文为 evaluation，含义是"引发出价值""做出价值判断"。美国学者格朗伦德给出了一个公式：评估＝量（或质）的记述＋价值判断。20世纪初，美国教育心理学家桑代克和赖斯等率先开始了教育测量研究，并掀起教育测量运动的热潮，使教育测量方法研究成为教育质量研究和保障的重要途径。20世纪30年代，泰勒将教育评价看成判断教育活动达成目标程度的活动，把教育评价过程看作评判是否达到教育目标的过程。[⑩] 但这种目标导向的评价模式经常面对教育目标自身科学性的挑战。20世纪60年代后，学习评价的选拔与区分目标被批判性

① 顾明远．教育大辞典：第7卷 [Z]．上海：上海教育出版社，1990：1552.

② 杨立军，刘陈．过程质量观：大众化高等教育质量管理的必然选择 [J]．黑龙江教育（高教研究与评估），2010（12）：23-25.

③ 朱德全．教育测量与评价 [M]．北京：高等教育出版社，2016：270-277.

④ Trow M. Problems in the Transition from Elite to Mass Higher Education [M]．Berkeley, CA：Carnegie Commission on Higher Education，1973：1-55.

⑤ 程永波，廖晓玲．论研究生教育质量观与发展目标模式 [J]．学位与研究生教育，2003（8）：16-18.

⑥ 谭光兴，欧敏．基于产品质量理论的高等教育质量观 [J]．教育学术月刊，2008（9）：50-52.

⑦ 石慧霞．适应个体需求的高等教育质量观 [J]．中国高等教育，2016（17）：12-13.

⑧ 房剑森．高等教育发展论 [M]．桂林：广西师范大学出版社，2001：192.

⑨ 朱德全，李鹏．课堂教学有效性纲 [J]．教育研究，2015（10）：90-97.

⑩ Tyler R W. Basic Principles of Curriculum and Instruction[M]．Chicago：University of Chicago Press，1950：69.

否定,形成性评价开始出现。① 斯凯瑞文提出形成性评价思想,指出教育评价的目标不是预设的,而是在教育评价过程中不断生成的,教育评价是为了改进教育而做出的收集和使用相关信息的活动。斯塔弗尔比姆强调教育评价目的就是为教育决策提供有用的信息,反对调查似的教育评价。② 斯塔弗尔比姆在 1985 年将教育评价进一步界定为:为达到决策目的,获取有关评价对象的描述性信息和判断性信息的过程。1982 年,古贝和林肯提出了建构性评价方法,反对过于追求评价的精确性,强调教育评价的深度和意义,应多用质性方法,使教育评价在自然环境中进行。③

四、第三方评估

第三方评估是指由与政府无隶属关系和利益关系的社会组织所实施的评估政府及其部门绩效的活动。在西方国家的评估体系构成中,第三方评估组织一般包括以下几种:非政府组织(NGO)、非营利组织(NPO)、中介组织、独立于行政机关之外的官方组织。④ 教育第三方评估发源于西方,在国外又名中介评估,但学界迄今为止对第三方评估的概念尚没有统一界定。美国教育学家伯顿·克拉克是较早研究第三方评估的西方学者,他的“从高等教育与国家、市场及学术权威之间进行整合的角度,第三方机构是介于国家与高校之间的‘缓冲组织(buffer organizations)’”是比较经典的论述。⑤ 伊尔-卡瓦斯把中介机构界定为“一个正式建立起来的团体,它的建立主要是加强政府部门与独立的组织的联系以完成一种特殊的公共目”⑥。

我国研究者贾群生将第三方评估机构界定为“独立于政府和大学存在的中间机构,与高等教育没有直接的行政领导关系”⑦。李文兵认为,“第三方评估机构既不属于政府也不属于高校,是相对独立实施教育评估的机构”⑧。王育仁指出,第三方评估机构的范围不仅仅局限于专业机构,除了学校和政府外的所有利益相关者都属于第

---

① Tyler R W, et al. Perspectives in Evaluation[C]. Chicago, IL: Rand Mcnally, 1967: 39-83.

② Stufflebeam D L. The CIPP Model for Program Evaluation(update)[R]. Presented at the 2003 Annual Conference of the Oregon Program Evaluators Network(open), Portland, Oregon, 2003-10-03.

③ 转引自王致和. 高等学校教育评估[M]. 北京:北京师范大学出版社,1995:18.

④ 徐永祥,潘旦. 国际视野下第三方参与慈善组织评估的机制研究[J]. 江西社会科学,2014(8):205-209.

⑤ 〔美〕伯顿·克拉克. 高等教育系统:学术组织的跨国研究[M]. 王承绪,徐辉,殷企平,译. 杭州:杭州大学出版社,1994:59.

⑥ El-Khawase E. External Security, US Style[M]//Becher T. Government and Professional Education. Buckingham: Society for Research into Higher Education and Open University Press, 1991:39-47.

⑦ 贾群生. 中介机构:新的观点[J]. 辽宁高等教育研究,1997(2):97-100.

⑧ 李文兵. 试论高校质量保障评估机构的中介化[J]. 黑龙江高教研究,2002(6):110-113.

三方。① 陶德庆指出,职业教育的评价主体主要是家长、企业、行业和研究机构等社会第三方。② 魏文芳等人指出,第三方评估是第三方机构接受相关单位委托,根据契约和合同组织相关评价活动。③

综上所述,学界对第三方评估的概念表述虽有差异,但内涵大致相似。基于此,本书将第三方评估界定为:独立于政府和学校外的相关利益者组成的专业机构,根据一定目的或相关单位的委托开展的评估活动。

第四节　文献综述

一、关于高职教育质量评估的研究

我国高职教育质量评估是在普通高等教育评估的基础上发展起来,发展历程较短。第一次有关高等教育评估的官方表述出现于 1985 年的《中共中央关于教育体制改革的决定》中,此后,国务院发布的《关于第七个五年计划的报告》以及国家教委颁布的《普通高校教育评估暂行规定》和《教育督导暂行规定》为我国高职教育质量评估工作开展奠定了基础。1993 年颁发的《中国教育改革和发展纲要》、1996年通过的《中华人民共和国职业教育法》、2000 年印发的《高职高专教学工作合格学校评价体系》和《高职高专教学工作优秀学校评价体系》等系列文件,均强调高职教育质量评估的重要性。

目前,高职教育质量评估的研究成果相对比较丰富,研究的视角比较多元,方法比较多样。孔志华提出,高职教育质量评估活动亟须从顾客满意的角度进行思考和研究,而纵观现阶段的高职质量评估模式,并没有突出职业教育的产品属性,用人单位和学生的满意度因素并没有得到关注。④ 学生和家长、用人单位、政府部门都是教育消费者,评估活动应在技术和形式上进行全面创新,真正为顾客服务并满足顾客群体的需要。⑤ 王永林、王战军认为,高职在办学过程中人才培养处于核心位置,因此,需要进一步加强质量意识,进一步规范办学标准,进一步突出办学特色,根据形势的变化而积极调整评估的重心,评估的理念也需要与时俱进。但由于起步晚、积累

① 王育仁. 第三方质量评价运行机制研究 [J]. 中国高校科技,2012(6):53-54.
② 陶德庆. 高等职业教育人才培养质量第三方评价机制探析 [J]. 齐齐哈尔工程学院学报,2015(3):59-63.
③ 魏文芳,付海龙,许文祥. 高职办学中的第三方评价行为研究:与政府评价行为对比 [J]. 湖北职业技术学院学报,2014,17(2):22-25.
④ 孔志华. 基于顾客满意的高职教育质量体系构建与实践 [J]. 中国成人教育,2009(9):40-41.
⑤ 孔志华. 基于顾客满意的高职教育评估模式研究 [D]. 杭州:浙江工业大学,2007:21-22.

少,高职教育质量评估尚存诸多不足。[①] 孙翠香、刘艳艳等认为,高职教育质量评估应坚持工具理性与价值理性的统一,应加强对与教育质量密切相关的隐性要素的考查,提升院校参与评估的内在动力。[②] 盛亚男认为,教学质量的评估是提高管理水平和保证教学质量的有效途径。[③] 在高等教育体系中,高职教育具有鲜明特色,需要从独特的视角进行评估。对于高职教育质量评估的内涵、方式和结构,徐静茹和郭杨进行了很好的阐述,最终确定了教育质量评估的对象、标准和方法手段等,由此形成了评估的指标体系。[④] 王向红认为,目前我国高职教育质量评估在主体、指标体系、结果、信息、机构与人员等方面存在着较严重的问题,导致评估质量不高。[⑤]

二、关于第三方评估的研究

中国高职教育质量评估发展的时间很短,是在高等教育评估的基础上发展起来的。关于高职教育质量第三方评估的研究也不多,相关的著述较少,主要在介绍国外高等教育评估制度的研究中体现。鉴于高职教育也属于高等教育的范畴,是高等教育以职业和技术为导向的一种办学形式,因此,本书综述将围绕第三方评估在高职教育发展过程中的制度条件和环境等方面开展研究。除了漆玲玲的《我国高等教育质量第三方评估模式研究》以外,鲜有高职教育质量第三方评估的专著,相关研究成果更多散见于一些有关高等教育质量保障的研究中,例如,李志军著的《第三方评估的理论与方法》、范文耀等主编的《国际视角下的高等教育质量评估与财政拨款》、陈玉琨著的《高等教育质量保障体系概论》、余小波著的《高等教育质量保障研究论纲》、安心著的《高等教育质量保证体系研究》、王致和主编的《高等学校教育评估》、周光明主编的《高等学校发展性教学评估研究》、夏天阳主编的《各国高等教育评估》、袁益民主编的《教育评估的体制创新》、顾志跃著的《转型中的教育评价》等。

漆玲玲的《我国高等教育质量第三方评估模式研究》全面研究分析了法国、美国、英国等的第三方评估在权力形成、组织构成、行为和监督方式等方面的情况,基于我国高等教育发展的实际情况,对我国高等教育第三方评估中介机构开展深入研究,提出了相关的对策与建议。[⑥] 席成孝认为,要想实现高等教育质量内涵式发展,

① 王永林,王战军. 高等职业教育评估的价值取向研究基于评估方案的文本分析 [J]. 教育研究,2014(2):104-111.

② 孙翠香,刘艳艳. 高等职业教育质量评估:高职内涵式发展的关键环节 [J]. 职教论坛,2014(1):20-25.

③ 盛亚男. 高等职业教育教学质量评估若干问题研究 [D]. 天津:天津大学,2004:8-13.

④ 徐静茹,郭扬. 我国高等职业教育质量评价制度政策发展探析 [J]. 职教论坛,2013(25):21-24.

⑤ 王向红. 浙江省区域高职教育发展路径战略选择 [J]. 中国高教研究,2011(11):81-83.

⑥ 漆玲玲. 我国高等教育质量第三方评估模式研究 [D]. 武汉:武汉大学,2011:6.

通过第三方进行评估是必然要求,这也是高等教育质量评估的必然之路。席成孝认为,要想第三方评估组织对高校教学及人才培养质量做出科学公正的评价,就必须有法律制度做保障,同时还需要长效机制来确保政府、高校能够充分利用第三方评估组织的结论提升教学和人才培养质量。① 佟林杰、孟卫东认为,传统的高等教育评估是从内部开展的,有许多不足之处,而第三方评价制度可以弥补这些不足,有利于推动高等教育的内涵式发展,促进评估活动进一步与国际接轨。构建我国高等教育第三方评价体系,首先需要对教育体制、社会教育思想、经济和政治等方面进行完善,积极转变评估理念,全面提高评估的科学性。② 王晨洁认为,治理理论强调多元主体对社会事务进行管理,新时期的国际趋势是政府与社会机构积极互动,因此应对我国高等教育质量第三方评估机构的现状与存在问题进行分析,理顺政府和社会的关系,明晰政府和相关事务的关系,做好委托代理,最终达到多方的共赢。③ 张会杰立足国际,通过分析与归纳国际第三方专业评估实践活动后提出,高等教育第三方评估应当具有独立性、专业性、公平性和中介性的特点,这对我国高等教育第三方评估具有一定的借鉴意义。④ 杨旭东、闫志刚认为,大学排名普遍由民间机构组织,引起了社会的广泛关注,这在一定程度上说明,这种民间自发组织的第三方评估形式,已经成为我国高等教育质量保证体系的有机组成部分。当然,这样的高校排名争议较大,但也给我们提供了一个审视这种评价方式的视角。⑤

比较和研究高等教育发达国家教育评估中介的发展经验和成熟机制对我国高等教育第三方评估的发展无疑具有良好的借鉴意义,内容主要是介绍发达国家高教评估中介机构的构成、运行机制和功能、特点等。"从1994年起,同济大学的毕家驹、董秀华持续坚持在《国际高教评估动态》上连续发文,介绍了国际上与高教评估有关的机构。纵观当时对国外教育评估中介机构进行介绍的此类文章,这是比较全面和系统的。"⑥

毛杰从新制度经济学的视角出发,对第三方评估所依赖的制度环境进行了分析,认为"第三方评估制度能节约交易成本,促进各评估主体新的均衡,限制机会主义行为。因此,应该强化制度建设,完善政策和法律支持,建立信息公开机制,促进评估结

① 席成孝. 我国高等教育质量第三方评估机制探析 [J]. 陕西理工学院学报(社会科学版),2014,32(11):85-89.

② 佟林杰,孟卫东. 我国高等教育第三方评价体系构建研究 [J]. 当代教育论坛,2013(3):25-27.

③ 王晨洁. 治理理论视角下我国高等教育质量第三方评估机构存在的问题及对策 [J]. 东南大学学报(哲学社会科学版),2014,16(S2):153-154,162.

④ 张会杰. 高等教育第三方专业评估特点研究 [J]. 天津市教科院学报,2016(5):15-17.

⑤ 杨旭东,闫志刚. 大学排名:"第三方评价"的探索 [J]. 教育与职业,2011(31):36-38.

⑥ 漆玲玲. 我国高等教育质量第三方评估模式研究 [D]. 武汉:武汉大学,2011:6.

果反作用于实践,为第三方评估创造合适的环境"①。1991年,德·博耶化提出,第三方评估机构的主要职能如下:第一,从学校的立场向政府决策提供意见,从而影响政府的决策。第二,在对高校进行评估的过程中,第三方评估机构将政府的决策融入高校的日常治理中,成为政府决策的间接执行者。第三,接受政府和社会各界的委托,提供服务职能。在评估领域,将职业教育与普通教育进行比较,职业教育评估存在诸多短板。1995年,列奥·古德盖布尔等学者提出,"政府、高校和社会是一种交换关系,在这个过程中,三方都希望自己是获利群体且利益最大化,而高等教育评估机构在与各方的合作中,主要依靠法制来维护自身的合法权益"②。自1994年开始,同济大学的毕家驹、董秀华一直坚持连载《国际高教评估动态》,对国外教育评估中介机构进行全面而系统的介绍。③万媛媛在《美英高等教育评估机构的特点及对我国的启示》中介绍了美、英两国第三方评估机构的特点并对我国建立和发展高等教育第三方评估机构提出了意见和建议。王报平和仇鸿伟研究认为,美国的高等教育评估往往由学校自主组织,具有独立评估的特点,第三方评估机构普遍由民间自主举行,属于非营利性组织,全称为高等教育评估机构委员会(CHEA),该组织主要负责整体评估与专业评估;日本的高等教育评估由全国学位和大学评价协会承担,它通过召开听证会和面谈获得一手评估素材,相关政府部门依据评估结果分配预算。④王慧雯介绍了"芬兰的评估主要分三个层次。政府在宏观上进行政策指导,第三方评估机构根据政府的政策导向,对相关学校进行审核评价,各学校结合本校实际情况进行自我评价。高等教育评估委员会的成员多元化,分别来自大学、技术学院、工商贸易界。评估机构的职责主要是支持内部评估、开展专业评估及高质量教育单位的认定,评估机构具有独立性、国际性和公开性等特点"⑤。杨连生、张玲玲对英、美、法三国评估机构的内容和特点进行了介绍,认为我国的高等教育评估应根据国情,制定科学合理的评估标准,及时出台相关法律法规,确保评估机构的独立性,全面提高评估机构的权威性。王洪斌、张漪指出,"教育评估应当主要由第三方机构承担,而且评估分类应当合理,评估指标要能全面体现高校办学的自治性"⑥。余薇介绍了日本第三方教育评估的方法和特点,并提出当前我国"为了使评估活动有法可依,要加强评估的法律制度建设。高等教育质量评估体系要由政府和社会共同构建,评估要兼顾系统化和内部

① 毛杰. 新制度经济学视角下的第三方教育评估环境研究 [J]. 中国大学教学,2016(7):73-75.
② 转引自漆玲玲. 我国高等教育质量第三方评估模式研究 [D]. 武汉:武汉大学,2011:6.
③ 杨晓江. 国外高等教育评估中介机构发展轨迹试探 [J]. 外国教育资料,2000(4):39-43.
④ 王报平,仇鸿伟. 高等教育第三方评价:美国与日本的启示与借鉴 [J]. 科研管理,2015(1):477-482.
⑤ 王慧雯. 芬兰高等教育外部评估机构及对我国的启示 [J]. 上海教育评估研究,2016(8):58-60.
⑥ 王洪斌,张漪. 美、英、法三国教育评估机构的现状与发展趋势 [J]. 评价与管理,2008(4):14-18.

化"①。从众多专家学者的研究成果来看,英、美、日、法等国家在教育评价过程中,第三方评估是必须走的一道程序。在评价主体的构成上,呈现多元化特征,有很多独立评估机构和行业协会参与。在评价标准的制定上,注重产业界的作用和影响。从评价方式上来看,更加关注第三方证据材料的收集,如用人单位的实地考察、用户满意度的问卷制作。在评价管理方面,积极开展对第三方评估机构的监督管理,对评估的信息全面公开,对评估结果进行充分利用,确保评估的科学合理性、客观公正性以及实际功能的发挥。②

三、关于高职教育质量第三方评估的研究

高职教育质量评估是提升高职教育质量的重要手段。第三方评估在管办评分离背景下得到了有效发展,并成为社会各界广泛关注的热点。耿金岭认为,构建高职教育质量第三方评估体系是完善国家治理体系的必然要求,也是社会各利益主体的诉求。③ 张洪华深入考察了高职教育质量第三方评估的发展原则和保障措施,并进一步指出,高职教育质量第三方评估机构是独立于政府和学校而存在的,但也不能完全不受政府的监管,政府应当转变职能,有限监督高职教育质量第三方评估机构。④ 蒋丽君、何杨勇认为,高职教育质量第三方评估目前尚处于发展的初期,其特征、功用、评价标准、指标体系和实施策略等都值得深入研究。⑤

(一)关于高职教育质量第三方评估特征和功用的研究

目前学术界对高职教育质量第三方评估特征的研究比较多。例如,梁卿认为,高职教育质量第三方评估最大的特征应是独立性,第三方评估的独立性就是指第三方评估机构独立于政府和学校而存在。⑥ 目前学界关于高职教育质量第三方评估的特征比较一致的看法是,高职教育质量第三方评估最主要的特征是公正性和独立性。

高职教育质量第三方评估的功能和价值显而易见,社会各界也对其展开了广泛讨论。魏文芳等认为,高职教育质量第三方评估最大的价值是可以公正地实施评估,保障结果的公正性。⑦ 梁卿提出,实施高职教育质量第三方评估可以推动我国职

① 余薇. 日本高等教育第三方评估制度对于外国高等教育的启示 [J]. 大众商务, 2009(4): 170-171.
② 袁莉. 全面深化改革第三方评估的制度构建研究 [J]. 江汉论坛, 2016(11): 74-77.
③ 耿金岭. 对构建高职办学第三方评价体系的思考 [J]. 中国职业技术教育, 2012(33): 22-24.
④ 张洪华. 我国职业教育评估中介机构发展的条件分析 [J]. 职教论坛, 2014(1): 31-34.
⑤ 蒋丽君, 何杨勇. 高职教育质量第三方评价的局限、问题和对策 [J]. 黑龙江高教研究, 2017(9): 98-102.
⑥ 梁卿. 职业教育质量第三方评价的概念探析 [J]. 职业技术教育, 2014(13): 47-50.
⑦ 魏文芳, 付海龙, 许文祥. 高职办学中的第三方评价行为研究:与政府评价行为对比 [J]. 湖北职业技术学院学报, 2014, 17(2): 22-25.

业教育体制的变革,增强高职教育的社会属性,降低政府的管理成本。① 总体来看,大部分研究者认为,高职教育质量第三方评估由于具有独立性、公开性、公正性等特点,可以增强评估结果的信度和效度,推动高职教育治理体系改革。

(二)关于高职教育质量第三方评估标准、指标体系的研究

周应中提出,制定高职教育质量第三方评估的标准,必须由多方评估主体共同协商,遵循高职教育的发展规律,以人才培养为核心标准。② 陈智述等深入、详细地研究了高职教育质量第三方评估的标准体系,指出高职教育质量第三方评估标准要关照质量、效率和效益三个维度,重点关注高职教育的培养过程、学生就业和社会经济效益。③

指标体系是高职教育质量第三方评估体系的核心,所有评估工作都要围绕评估指标体系开展。关于高职教育质量第三方评估指标体系的研究一直是学界关注的热点。陆春阳认为,高职教育质量第三方评估最核心的标准应该是用人单位的反馈,即需求方的反馈。④ 耿金岭指出,要注意评价指标的可选择性,即除核心评价指标外,要设置一部分可选指标。⑤ 在此基础上,张宏亮构建了包括培养方案、培养过程、培养质量和资源配置在内的指标体系。⑥

(三)关于高职教育质量第三方评估实施策略的研究

有的学者对评估组织的性质进行了专门研究,认为高职教育质量第三方评估组织可以是第三方实体专业机构,也可以是互联网平台或行业协会等。⑦ 徐兰提出,高职教育质量第三方评估组织应该是多方参与的评估平台,在这个平台上,行业、企业应该占主体地位。⑧ 王健也指出了高职教育质量第三方评估中行业、企业参与的重要性。⑨

有的学者指出,高职教育质量第三方评估的实施应遵循系统化等原则,并不断

① 梁卿. 论高职教育质量第三方评价的必要性 [J]. 职教论坛,2014(22):35-38.

② 周应中. 高职专业第三方人才培养质量评价体系的构建 [J]. 职业技术教育,2012(5):5-9.

③ 陈智述,马芜茗. 职业教育第三方人才培养质量评价体系研究 [J]. 职教论坛,2014(14):19-22.

④ 陆春阳. 让第三方参与职业教育人才培养质量评价 [J]. 职业技术教育,2011(30):64-65.

⑤ 耿金岭. 对构建高职办学第三方评价体系的思考 [J]. 中国职业技术教育,2012(33):22-24.

⑥ 张宏亮. 企业行业参与职业教育质量评价研究:指标体系实施路径及保障机制 [J]. 中国职业技术教育,2015(33):6-9.

⑦ 曹远明. 高职教育人才培养质量第三方评价机制研究 [J]. 山东工业技术,2014(2):259-260.

⑧ 徐兰. 以企业为主导的第三方职业教育质量评价体系构建 [J]. 职业技术教育,2015(10):41-45.

⑨ 王健. 鼓励企业行业积极参与发展职业教育 [J]. 教育与职业,2010(1):6-7.

创新实施形式,充分利用互联网、移动设备等手段提高评估的效率。[①] 也有学者提出,在第三方评估还不是很成熟的时候,要选择骨干院校和示范院校作为评估试点,然后再逐步推广。[②]

有的学者把第三方评估的操作流程概括为"七环节四阶段任务"。"七环节"主要包括目标设定、组建机构、确定指标、信息反馈等;"四阶段任务"主要包括体系构建、数据采集、产生结果和运用。[③]

(四)关于高职教育质量第三方评估保障机制的研究

张良、王健林、马芜茗认为,职业院校必须打破传统的思维模式,实现"三个转变",即实现从"封闭"向"开放"办学、由政府向社会转变、由"法治"向"人治"转变,打破职业院校固有方式,以此促进政府积极转变职能,简政放权,吸纳企业、行业参与。[④] 职业教育开展第三方评估活动,应基于职业院校质量提升的内生性动力需求,而不是单一的以教育政策为导向来开展。刘志峰提出,在第三方评估的政策保障方面,政府应当加大经费支持力度,通过税收政策提高企业参与职业教育评估的主观能动性。[⑤] 在服务机制层面,曹远明提出要保障评估主体的多元性、独立性、专业性,通过搭建评价主体间的信息平台,构建动态数据跟踪体系,确保第三方评估结果的科学公正。[⑥] 在激励机制层面,张志坚提出除了政府应出台相应的激励政策并主动购买服务外,为相关企业提供高素质专业人才、提供培训服务和专业技术支持等是高职院校的首要考量。[⑦] 张宏亮认为解决企业参与评估动力不足的问题,必须找到双方利益诉求的交集点,并进行深度合作。[⑧] 在监督机制层面,苏琼淑认为第三方

---

① 吕中华. 基于网络实现的专业第三方评价的探索与实践 [J]. 合肥师范学院学报,2014(3):30-32.

② 张志坚. 第三方参与高职教育质量保障体系建设研究 [J]. 长江大学学报(社科版),2013,36(4):166-167.

③ 陈智述,马芜茗. 职业教育第三方人才培养质量评价体系研究 [J]. 职教论坛,2014(14):19-22.

④ 张良,王健林,马芜茗. 职业教育第三方质量保障体系建设研究:基于经济社会发展需求导向的视角 [J]. 湖南社会科学,2013(6):273-274.

⑤ 刘志峰. 高职教育实施第三方评价的主要问题与改进策略 [J]. 职业技术教育,2012,33(19):49-54.

⑥ 曹远明. 高职教育人才培养质量第三方评价机制研究 [J]. 山东工业技术,2014(20):259-260.

⑦ 张志坚. 第三方参与高职教育质量保障体系建设研究 [J]. 长江大学学报(社科版),2013,36(4):166-167.

⑧ 张宏亮. 行业企业参与职业教育质量评价研究:指标体系、实施路径及保障机制 [J]. 中国职业技术教育,2015(33):5-9.

评估应该关注评估的全过程并对其进行全程监督,对结果利用要进行跟踪调查,才能使评估落地并取得实效。① 张宏亮则认为应该建立市场准入和退出机制。②

(五)关于高职教育质量第三方评估的国际成果的介绍

由于不同国家和地区的政治体制、经济发展和文化传统等的差异,教育质量第三方评估机构的结构及运作模式有所不同。有学者将西方国家的教育质量第三方评估主要归纳为以下三种模式:第一,法国为主要代表的集权模式;第二,美国为主要代表的政府与民间机构合作模式;第三,英国为主要代表的指导模式。③

杨丽、宋天朵对国外职业教育第三方评价制度进行了比较研究,研究的重点是评价的承担机构是谁、评价的内容是什么、评价的标准和依据是什么、以何方式开展评价等,提出美国、英国开展的社会评价,德国开展的企业评价,澳大利亚和法国开展的政府评价,是国外职业教育评价的三种主要类型。④ 储朝晖重点介绍了非营利性民间组织在美国职业教育认证制度中的角色和功能,美国职业教育认证主要由免税的非营利性民间机构负责实施。政府向社会评估机构公开招标购买服务。此外,他也介绍了英国负责职业教育质量评价的职业质量保证署(QAA)的运行机制,QAA受高校拨款机构委托并独立承担教育评价任务。英国新闻媒体会定期公布相关职业院校质量评价排名,以倒逼机制促进职业院校改进人才培养质量。⑤ 丁桂兰和芮小兰介绍了澳大利亚职业教育评估以政府为主导、企业行业参与的质量管理体系,产业界不仅是评价的主体,还是评价标准的主要制定者,其中行业技能委员会(NIST)及州与领地注册／课程认证机构(R/CAB)都要求产业界的雇主代表和雇员代表参与,并保持一定的比例。⑥

四、关于第四代评估理论的研究

根据美国教育家古贝和林肯的划分,第一代评估被称为测量时代,主要采用测量的方式,测评学生对知识的记忆状况或某种学习特质。第二代评估以学生为评估

---

① 苏琼淑.现代职业教育实施第三方考核评价的方法及路径 [J].当代职业教育,2015(6):4-6,36.

② 张宏亮.行业企业参与职业教育质量评价研究:指标体系、实施路径及保障机制 [J].中国职业技术教育,2015(33):5-9.

③ 孙珂.高等学校专业评估制度的国际比较研究:以法国、英国、美国和日本为例 [J].比较教育研究,2012(7):38-43.

④ 杨丽,宋天朵.国外职业教育评价制度的比较及启示 [J].厦门城市职业学院学报,2013(3):6-11.

⑤ 储朝晖.欧美大学专业评价对中国建设独立第三方评价的启示 [J].民办高等教育研究,2012(4):6-7.

⑥ 丁桂兰,芮小兰.澳大利亚职业教育教学质量评价 [J].现代企业教育,2009(2):43-46.

客体,采用以描述某些规定目标的优劣模式为特征的方法描述教育结果与教育目标的一致程度,评估者的角色是描述者。第三代评估者扮演裁判员的角色,保持技术性和描述性功能,第三代评估以判断为标志。[1] 第四代评估的本质是通过多元协商达到"心理的建构",认为评估是对被评事物赋予价值。"第四代评估是以各种利益主体的观点、忧虑和争论(CC&I)作为组织评价焦点,决定所需信息的基础的一种评价范式,由于传统的方法论采用的是'证实'而非'探索'的态度,所以不能满足识别利益相关者以及无法顾及他们的主张、焦虑和争议,因而是一种采用建构主义调查范式的方法论,反对管理主义,坚持评估主体价值多元的信念。"[2] 第四代评估理论提倡在评估中充分听取评估各参与主体的看法,由评估者不断协调各种价值标准产生的分歧,最终形成各参与主体普遍接受的看法。

第四代评估理论强调在自然环境状态下,利用质性研究方法,使各利益相关者通过反复的沟通交流最终形成共识,整个过程不是由政府部门主导的。詹姆斯·黑普认为,从第四代评价理论体系来看,在评估实施过程中,价值最小的是相对主义和主观主义的相关言论。[3] 第四代评估理论的价值在于明确地阐释了一种通过多元协商达成共识的评估方法,这给各参与主体提供了各自表达意见的渠道。[4] 也有学者研究了把第四代评估理论具体应用在学校场景中的情况,并提出了针对性建议。例如,尼尔·罗素等分析了第四代评估理论在学校的应用,有利于鼓励和指导那些希望更积极地参与课堂评价的教师,并通过协商与合作不断改进教学。[5] 然而,将第四代评估理论运用到课堂教学评估中,也面临挑战。例如,评估的前期准备阶段需要花费大量的时间,评估过程容易对教师的教学造成干扰。[6] 也有专家把第四代评估理论直接运用到实际的评估情境中,来讨论分析它的优势和不足。例如,韦布纳和贝茨将第四代评估理论运用到社区与大学的合作项目中。[7] 汤姆·奥尼尔应用第四代评估理论对科学教育项目进行评价,重点探讨了第四代评估理论在实际操作中可能会遇到的

---

[1] Guba E G, Lincoln Y S. Fouth Generation Evaluation[M]. California: Sage Publications, 1989: 9.

[2] Heap J. Constructionism in the Rhetoric and Practice of Fourth Generation Evaluation[J]. Evaluation and Program Planning, 1995, 18(1): 51-61.

[3] Heap J. Constructionism in the Rhetoric and Practice of Fourth Generation Evaluation[J]. Evaluation and Program Planning, 1995, 18(1): 51-61.

[4] Guba E G, Lincoln Y S. Fouth Generation Evaluation[M]. California: Sage Publications, 1989: 9.

[5] Russell N, Willinsky J. Fourth Generation Educational Evaluation: The Impact of A Post-Modern Paradigm on School Based Evaluation[J]. Studies in Educational Evaluation, 1994, 23(3): 187-199.

[6] 耿金岭. 对构建高职办学第三方评价体系的思考[J]. 中国职业技术教育, 2012(33): 22-24.

[7] Huebner A J, Betts S C. Exploring the Utility of Social Control Theory for Youth Development: Issues of Attachment, Involvement, and Gender. [J]. Youth & Society, 2002, 34(2): 123-145.

问题和困难。他认为第四代评估理论的主要特点是将建构主义思想引入其中,整体将评估理论向前推进了一步。全部利益相关者能参与评估过程是第四代评估理论所倡导的,但从现实来看,其可操作性有待商榷,今后努力的方向是如何增强其可操作性、克服缺陷。① 玛格丽特·雷和伊雷娜·帕帕佐普洛斯将第四代评估理论运用到英国一个名叫"良好开端"的项目中,指出了其存在的问题,并积极探寻相关的原则问题,即如何使评估方法符合建构主义范式所描述的客观性评价标准。② 也有专家进一步发展完善了第四代评估理论,以使其更加具有可操作性。例如,英国艾塞克斯大学的理查德·劳克林和简·布劳德本特为增强这一理论的适用性和相关性,借助案例研究的理论,进一步完善了第四代评估理论,提出的解决措施更有针对性,主要包括对唯我论者关于评价方法的疑惑进行了回复,对评价者与委托人之间可能产生的潜规则提出了解决方法,对评价步骤与手段的描述不够详细指明了对策。③

第四代评估理论的创立者之一林肯于 2001 年在《新世纪的第四代评价》一文里更加深入地讨论了第四代评估的现状和前景。他认为在 21 世纪第四代评估将更加重要。④

刘康宁认为,第四代评估理论是符合当前国际发展趋势的,其本质是一种外部质量保障理念,在构建高等教育外部质量保障体系时,要从尊重理性和价值多元出发,关注人性、环境及社会关系,而不是纯粹依赖评估技术;应该建立平等的多方和谐关系,而不是专家主导;应该转向"证实"的分析策略,而不是"证实"的方法;应该转变政府行政决策导向,注重价值协调参与机制。⑤ 谢小燕、顾来红、徐蓓蓓认为,第四代评估与高等教育的可持续发展有着紧密的内在联系,是全新的哲学范式与建构主义的方法论,可以攻破目前我国高等教育评估亟待解决的难题。⑥ 冯晖认为,现代化教育评估方法与技术为教育改革发展提供了支撑。当前国际上最新的外部质量保障理念在第四代评估理论中得到了较好体现,其重点关注利益相关者之间的深入

---

① O'Neill T. Implementation Frailties of Guba and Lincoln's Fourth Generation Evaluation Theory[J]. Studies in Educational Evaluation, 1995, 21(1): 5-21.

② Lay M, Papadopoulos I. An Exploration of Fourth Generation Evaluation in Practice[J]. Evaluation, 2007, 13(4): 495-504.

③ Laughlin R, Broadbent J. Redesigning Fourth Generation Evaluation: An Evaluation Model for the Public-Sector Reforms in the UK？[J]. Evaluation, 1996, 2(4): 431-451.

④ 转引自杨彩菊,周志刚. 第四代评价理论对高等职业教育评价的启迪与思考[J]. 中国职业技术教育, 2012(30): 70-73.

⑤ 刘康宁. "第四代"评估对高等教育外部质量保障的启示[J]. 国家教育行政学院学报, 2012(9): 29-31.

⑥ 谢小燕,顾来红,徐蓓蓓. 新管理主义的评估问题剖析与"第四代评估"理论的借鉴:基于场域视角[J]. 南京理工大学学报(社会科学版), 2014, 27(2): 84-88.

沟通与交流,比较有效地解决了以前教育评估中存在的问题。[①]

同时,对第四代评估理论而言,学术界的质疑声也一直存在。例如,刘五驹认为,第四代评估理论虽然提出了多元评估主体共同建构的评估模型,但是割裂了评价的科学性与人文性。从内核上来说,第四代评估理论有其合理性,可它的立论起点和论证过程不合理。[②]艾斯纳认为,第四代评估以建构主义的方法论为指导,引出了诠释辩证法和响应式评价的观念,可以解决前三代评估中存在的价值模糊化问题、方法迷信化问题和管理特权化问题等,其主要观念和评估流程均有助于后续研究者进一步研究学校评估理论与实践。[③]巴拉克和科里亚诺认为,第四代评估理论所主张的"多元价值""回顾与梳理—比较与分析—反思与批判"体现了时代需求。[④]

综上,虽然国内外学者对第四代评估理论进行了相关研究,但这些研究各有侧重,有时甚至存在观点截然对立的情况,例如,刘五驹对第四代评估理论持批判和否定的态度,这与很多学者的观点是互相对立的。此外,由于第四代评估理论步入我国教育研究者视野中的时间并不长,因此,多数研究只是停留于宏观的评述,微观研究较少,尤其是把第四代评估的理念、主体、方法、程序、标准等进行细化分解研究的更少,而把它用于指导我国高职教育质量评估的研究几乎没有,这为本书的进一步研究提供了空间和可能性。

第五节 研究设计

一、研究内容

在选择和确定研究问题时,本书借用了庄西真教授在《如何做职业教育研究》一书中提出的 PIN 策略。[⑤] PIN 是 Preference(偏好),Importance(重要性),Novelty(新颖性)三个英文单词的首字母缩写。综合笔者的研究偏好、高职教育质量评估的重要性和第三方评估的新颖性,本书以高职教育质量第三方评估作为研究选题,以当前第三方机构参与高职教育质量评估存在的制度障碍及生存和发展困境为逻辑起点,探究第四代评估理论下第三方机构参与高职教育质量评估的创新模式。围绕这一总

---

① 冯晖.第四代教育评估理论及其应用效应 [J].上海教育评估研究,2014(2):29-34.

② 刘五驹.评价标准:科学性还是人文性 [J].教育理论与实践,2014,34(16):23-26.

③ Eisner E. Reshaping Assessment in Education[J]. Journal of Curriculum Studies, 1993, 25(3): 219-233.

④ Barrack C, Cogliano J. Stakeholder Involvement: Mythology or Methodology? [J]. Evaluation Practice, 1993, 14(1): 33-37.

⑤ 庄西真.如何做职业教育研究 [M].苏州:苏州大学出版社,2013:45.

体目标,本书所要探讨的问题和所要达成的具体目标得以逐渐清晰。

第一,背景研究——"为什么"的问题,即高职教育为什么选择第三方评估。该部分旨在通过文献回顾和实证调研分析我国高职教育质量评估机制的现实困境,探索新时代我国高职教育质量评估的改革缘起。

第二,本体研究——"是什么"的问题,即什么是高职教育质量第三方评估。该部分主要研究高职教育质量第三方评估应该秉持什么理念,第三方评估的主体如何构成,第三方评估的流程如何体现等问题。

第三,保障机制研究——"怎么办"的问题,即在高等教育后大众化时代背景下我国高职教育质量第三方评估应该怎么做,政府、社会及学术界应该采取什么措施来保障第三方评估机构在我国的发展。

二、研究思路

本书遵循"背景研究—本体研究—保障研究"的逻辑脉络层层推进。

首先,使用文献研究法、比较研究法从国际和本土两个层面分析当下高职教育质量第三方评估的理论背景和实践背景,从而明晰高职教育质量第三方评估的基本内涵、理论依据以及国外实践经验。然后,采用文献研究法、比较研究法和案例研究法,从三个向度(即评估的理念、评估的主体以及评估的流程)重点探讨高职教育质量第三方评估的本体内容,包括审视高职教育质量第三方评估的目标理念、主体理念、内容理念和过程理念,解析国外民间中介组织主导型、政府主导型以及同行主导型评估的发展逻辑和价值取向,并通过国家层面、区域层面、学校层面的案例,分析高职教育质量第三方评估的经验、价值取向以及应然模式。最后,以第四代评估理论、治理理论及委托代理理论等为依据,提出通过政府本位、社会本位、组织本位和学术本位四位一体的高职教育质量第三方评估发展保障机制,探究政府、高职院校与第三方评估机构之间的促进和制衡关系,以期建立管办评分离背景下的高职教育质量长效协同保障机制。

三、研究方法

本书采用理论与实践相结合、质性研究与量化研究相统一的方法,一方面通过文献研究聚焦国内外高职教育质量第三方评估的概念分析框架,另一方面扎根于高职教育质量第三方评估的实践开展实证研究。两种方法相互补充、相辅相成,使本书研究更具可检验性和科学性。本书将具体运用以下研究方法。

(一)文献研究法

文献研究法指搜集、鉴别、整理文献,并通过对文献的研究,科学认识事实的方法。笔者在研究过程中查阅和梳理了之前有关政府第三方绩效评估、高等教育第三方评估及其研究成果、国内外高等教育第三方评估的资料文献以及政府的相关政策文本。在了解和掌握当前研究已取得的成果基础上,进一步对相关的资料文献和政策文本进行分析,为研究提供充分的素材。

（二）案例研究法

结合相关研究和理论分析,以政府主导型高职教育质量第三方评估机构、半官半民型高职教育质量第三方评估机构、民营型高职教育质量第三方评估机构为研究对象,对民营型高职教育质量第三方评估机构实施的宏观评估实践活动、对政府主导型高职教育质量第三方评估机构的中观评估实践活动、对半官半民型高职教育质量第三方评估机构的微观评估实践活动进行个案研究,旨在深入了解各评估机构的评估理念、评估主体、评估流程、评估成效及评估优势与困境,为第三方评估的理论构建、法律制度完善及市场培育提供经验支持。

（三）比较研究法

将我国高职教育质量第三方评估与发达国家的高职教育质量第三方评估进行比较,在总结国外高职教育质量第三方评估机制发展经验的基础上,结合我国的政治体制、文化传统及经济发展水平构建适合我国的高职教育质量第三方评估机制的理论框架,总结中国和发达国家高职教育质量第三方评估的异同及产生原因,取长补短,为我国的高职教育质量第三方评估发展提供服务。

第二章 高职教育质量第三方评估的产生背景与启示

在西方国家的评估主体构成中，第三方组织一般包括非政府组织（Non-govermental Organization，NGO），非营利组织（Non-profit Organization，NPO），中介组织或中介公司以及独立于行政机关之外的官方组织。第三方评估最初被运用于政府的绩效管理和政策评估。早在 20 纪初期，有的西方国家委托社会组织运用管理学、社会学、统计学等学科的相关原理和方法对政府的教育、卫生等领域的政策和项目进行质量评估。这些社会组织便是第三方评估机构的雏形。随着现代科学技术的迅速发展以及现代科学技术在社会研究和政策研究等领域的广泛运用，第三方评估日益受到各国的青睐。20 世纪 80 年代以后，许多西方国家发起了旨在提高行政效率、实施绩效管理的大规模行政改革，最有代表性的是英国政府于 1979 年对公共部门进行绩效考核的"雷纳评审"和美国 1993 年颁布的《政府绩效与结果法案》。这些改革举措为第三方评估在西方国家的发展奠定了法律基础。20 世纪 90 年代，包括世界银行（WB）、联合国教科文组织（UNESCO）、联合国（UN）等在内的许多国际机构和组织也纷纷委托第三方评估机构对一些政策和项目进行决策咨询和评估。这些举措为第三方评估在高等教育领域的应用奠定了理论基础，也为第三方评估积累了丰富的实践经验。

第一节　高职教育质量第三方评估的缘起及其理论背景

世界范围内，高职教育质量第三方评估大都源于高等教育的质量评估变革。一方面，政府教育干预失灵成为第三方评估兴起的动因，与此同时，高职院校的发展需要有独立的评估机制，民主政治意识形态中社会公众的参与诉求也成为第三方评估兴起的直接动因。另一方面，受第四代评估理论、制度经济学和全球治理等理论思潮的影响，具有专业性、独立性、公平性、中介性的高职教育质量第三方评估从理论走向了实践。

一、高职教育质量第三方评估的缘起

教育质量第三方评估起源于西方,在国外又名中介评估,但迄今为止学界对教育质量第三方评估的概念尚没有统一界定。美国教育学家伯顿·克拉克是较早研究第三方评估的西方学者,他提出"从高等教育与国家、市场及学术权威之间进行整合的角度,第三方机构是介于国家与高校之间的'缓冲组织(buffer organizations)'"①。在教育领域,第三方评估作为国际社会广泛认可的质量保障途径和手段,主要源于政府对教育的干预失灵、高校的内在发展需求和社会公众的参与诉求。

(一)政府对教育的干预失灵:第三方评估兴起的动因

在社会机制运行过程中,人们通常对政府调控过分依赖,并认为市场机制中的种种问题可以通过政府的干预得到解决。事实上,由于复杂的原因,政府失灵的现象日益突出。

从理论层面讲,1974 年,经济学家韦斯布罗德提出"政府失灵"这一概念,用"需求—供给"这个传统的经济学范式分析当时西方国家政府所面临的管理危机,认为"政府难以满足每个人对公共物品的需求并在提供公共物品方面存在着浪费和低效率的问题",指出这是政府失灵的主要原因。诺贝尔经济学奖获得者詹姆斯·M.布坎南在韦斯布罗德的基础上更深入地分析了政府失灵的原因,认为"政府机构效率低下、信息不对称或决策人自身局限造成的政策偏差或低效率以及政府官员私利动机和权力寻租活动的存在"是政府失灵的主要因素。②

从现实层面讲,由于上下层级的信息不对称等,各国政府对高等教育的管理模式也开始有了转变,于是世界高等教育发展呈现的重要趋势之一即国家管理模式的转变。一些国家逐步调整以往由政府主导高等教育的方式,纷纷解除对高等教育的管制,赋予高等教育机构更多的空间,亦即由国家控制模式(state control model)转向国家监督模式(state supervising model)。当然,政府要求高等教育机构在办学体制上保持透明度和问责制。面对这一新的挑战,许多高校将质量保证作为提高教育质量的重要手段。在西方国家,质量保证是每个高等教育机构的内部责任,一些国家的高等教育机构对课程进行内部评估;一些国家的高等教育机构采用外部评估或认证制度。美国师资培育认可审议会(National Council for Accreditation of Teacher Education, NCATE)认为,大学评估是"通过自愿的、同僚的评鉴,来提升学校及教育品质的一个过程。评估是告诉社会大众,被认可的学校的品质已经在水准之上,并且愿意负起定

---

① 〔美〕伯顿·克拉克. 高等教育系统:学术组织的跨国研究 [M]. 王承绪,徐辉,殷企平,等,译. 杭州:杭州大学出版社,1994:59.

② 顾海兵. 弥补"失灵"的第三只手 —— 社区:以污染治理为例 [J]. 中国改革,2001(6):29-31.

期自我检验以改进品质的责任"①。由此可见,高等教育第三方评估主要有两个目标:首先,高校希望通过第三方评估,提升学校的办学质量以及办学绩效;其次,政府及社会大众则希望通过第三方评估提供有关高校的办学绩效以及学生与家长选择学校所需的相关信息。②换言之,高等教育评估通常以改善质量与提升绩效为目标,于是评估成为各国提升高等教育质量或办学绩效的重要措施。

(二)高职院校的发展需求:第三方评估机构发展的动因

截至2020年底,我国共有普通高等学校3005所,在校生3285万人,其中高职(专科)院校有1468所,高职学生1459万人,高职(专科)学校占全国高校总量的比例近50%。高职教育已经占据高等教育的半壁江山。然而,正如马丁•特罗所提出的,"在高等教育规模的扩张过程中,高等学校的教学与科研质量受到严重的威胁"。随着我国高等教育从精英教育向大众教育转型,招生规模的急剧扩张引发的高等教育培养质量的问题引起社会各界的广泛关注。③在高职院校数量不断增加的情况下,国家投入高职教育的资源与经费不一定会随之增加④,因此,高职院校本身可能会面临资源与经费相对稀缺的问题。此外,学生数量也因为高职院校的扩增而不断增加,但学生的素质是否随之提升也是高职院校维持办学质量所面临的一大挑战。⑤加之社会大众对高职教育质量日益增长的要求以及高职教育市场的竞争日益激烈,高职教育质量保证越来越受到重视,尤其是发达国家对高职教育质量保证机制的建立与推行更是不遗余力。⑥例如,芬兰的高等教育评估委员会属于高等教育质量保证专责机构,对高校,包括高职院校的评定结果会影响学校所获得的资助经费,用意在于鼓励学校重视教育质量。⑦丹麦的评估协会(DEI)是教育评估与质量保证中心,必须公开学校的信息,以确保教育的透明性。

(三)社会公众的参与诉求:第三方评估扎根的动因

随着公共行政管理体制改革和简政放权,各国的公共权力开始向一些中介机

---

① Reynolds C R, Martin T J. National Council for Accreditation of Teacher Education[J]. Encyclopedia of Special Education, 1992, 7(2):105-133.

② 王晶晶. 民间第三方教育评估机构公信力的构建[J]. 中国教育学刊, 2016(1):45-49.

③ 教育部发展规划司. 2014年教育统计数据[EB/OL]. http://www. moe. gov. cn/s78/A03/moe_560/jytjsj_2014/.

④ Orsingher C, Darchini D, Giannini S, et al. Assessing Quality in European Higher Education Institutions[M]. Dordrecht:Springer, 2006:15-16.

⑤ 石国强. 高职院校学生职业生涯规划存在的问题探析[J]. 中国职业技术教育, 2008(25):48-49.

⑥ 吴清山,王令宜. 我国大学评鉴:挑战、因应策略与发展方向[J]. 课程与教学, 2007(10):15-30.

⑦ 陈宇莺,孙宗禹. 芬兰高等教育外部评估述评[J]. 中国远程教育, 2004(1):71-74.

构、社团组织和事业单位转移。当公共管理职权扩散蔓延到一定程度时,会直接关系到社会公众的切身利益①,因此,社会公众以一种前所未有的姿态涌入公共领域。社会公众参与,从政治学的视域看,是指公众通过合法的途径和方式,积极参与和影响国家与社会事务,表达自身利益要求和意愿。高等教育治理中的公众参与,要求在高等教育评估过程中充分发扬民主,最大限度地让公民参与评估,使他们能够通过各种有效的信息传输管道,充分表达意见和诉求。因此,社会公众具有清晰的权利诉求、民主意识和法治观念,各国参与高等教育评估的社会公众并不多,但他们对高职教育的办学质量评估充满热情,有着很强的独立性和影响力。

　　现代高等教育治理离不开多元利益相关者的参与,而高校生存与发展的必然方式是与社会进行能量交换。②一方面,大学作为非营利性组织,具有准公共产品的基本属性,大学的办学经费来源是纳税人,因此,高校,包括高职院校的办学质量如何,社会公众有知情权,对于高校治理,公众有参与权,由第三方评估机构对高校进行质量评估正是公众参与高校治理的主要体现。另一方面,高校知识生产方式的变革要求社会公众积极参与高校治理。正如组织行为学所强调的,任何组织不可能独立于社会之外而存在,它必须与周边的环境或组织进行能量和信息的交换,而这种能量和信息的交换主要表现为与社会进行资源交换。高校并非经济性组织,但是高校与周边的经济组织有千丝万缕的联系,因此高校的发展离不开其他社会组织的资源供给。随着政治体制的进一步改革,高校获取资源的方式和途径越来越多元化,并且与社会组织的能量交换在次数上变得越来越频繁,在范围上变得越来越广泛。③公众参与高等教育质量评估,不仅有利于高校更好地了解社会需求,而且有助于提升政府和高校的决策水平。

二、高职教育质量第三方评估的内涵

　　第三方评估是指由与政府无隶属关系和利益关系的社会组织所实施的评估政府及其部门绩效的活动。高职教育质量第三方评估为高职院校的生存和发展提供了可靠的证据,也为政府的政策调整提供了重要的信息。④要了解高职教育质量第三方评估制度及其实践,就需要从高职教育质量第三方评估的内涵、特征及功能等方面了解高职教育质量第三方评估。

---

① 王雪梅. 论反腐败的社会公众参与:以《联合国反腐败公约》为视角 [J]. 社会科学,2009(1):88-94,190.

② 刘晓. 构建利益相关者参与高等职业教育办学的长效机制 [J]. 职教论坛,2013(28):17-20.

③ 李峻,刘艳春. 大学治理中的社会参与机制研究 [J]. 高等理科教育,2015(6):28-33.

④ 徐静茹,郭扬. 我国高等职业教育质量评价制度政策发展探析 [J]. 职教论坛,2013(25):21-24.

（一）高职教育质量第三方评估的内涵

由于第三方评估机构与政府和高职院校既不具有行政隶属关系，又不具有其他经济利益关系，所以通常被称为独立第三方。[①] 西方高等教育的第三方评估，主要是指由第三方组织实施的评估，包括建立指标体系、确定评价标准和权重、组织评估、取得评估资料、公布评估结果。高等教育中的第三方评估在国外又名中介评估，但学界迄今对第三方评估的概念尚没有统一界定。美国教育学家伯顿·克拉克是较早研究第三方评估的西方学者，他提出的"从高等教育与国家、市场及学术权威之间进行整合的角度，第三方机构是介于国家与高校之间的'缓冲组织（buffer organizations）'"是比较经典的论述。[②] 伊尔·卡瓦斯认为，中介机构是一个正式建立起来的团体，其目的在于加强政府部门与独立组织的联系以完成一种特殊的公共任务。[③] 而在国内，一些学者把它定义为"由非官方的社会各界的群众组织与民间机构组织主动发起并就高等教育的各种评估项目进行的一种评价活动"或"由中介机构、社会用人单位等组织发动并具体实施的，对高等学校教育教学工作的一种评估形式"，这两种界定是国内学者比较有代表性的论述。

（二）高职教育质量第三方评估的特征

相较于普通高等教育，高职教育具有职业教育和高等教育的双重属性，有培养目标职业的定向性、教学内容的针对性、专业设置和知识结构的职业性等特点。这也决定了高职教育质量第三方评估基于政府和学校之外的视角，坚持"独立、客观、公正、实事求是"的原则，具有专业性、独立性、公平性、中介性。

1. 专业性

"专业"一词的定义及标准最早是由桑德斯等于 1933 年提出的，认为专业是指一群从事一种需要专门技术的职业，其目的在于提供专门性的服务。[④] 科特勒等认为从事专业性工作的职业有医生、律师、会计师及顾问人员等。[⑤] 希尔也提出心

---

① 徐双敏. 中国大陆公众参与政府绩效管理的现状与思考：以"民主评议政风行风"工作为例[J]. 公共行政学报，2011（41）：135-164.

② 〔美〕伯顿·克拉克. 高等教育系统：学术组织的跨国研究[M]. 王承绪，徐辉，殷企平，等，译. 杭州：杭州大学出版社，1994：59.

③ El-Khawase E. External Security, US Style[M]//Becher T. Government and Professional Education. Buckingham: Society for Research into Higher Education and Open University Press, 1991: 39-47.

④ Saunders C, Alexander M. The Professions[M]. London: Frank Cass, 1993: 536.

⑤ Kotler P, Connor R A. Marketing Professional Services[J]. Journal of Marketing, 1977, 41（1）: 71-76.

理学家、医生、律师所提供的服务是专业性的。[①]从职业社会学的角度探讨,专业性(professionalism)被视为一个影响职业形象、表现和发展的重要因素。[②]专业不但代表拥有特殊专门的工作技艺与工作表现,也代表社会上对该职务的尊重。专业指的是不仅具备高度专门的知识与技能,而且能够独立自主地执行职务,并具有热忱的服务态度和较高的服务品质。专业也需要从业者接受专门的教育和长期的训练,具备专门知识与专业道德后,能够独立自主地执行任务,并提供专门性服务。因此,当员工拥有专业的工作能力时,代表其在某一特殊工作领域中具有较高的专门技能,并且非一般人所能替代。

因此,专业性是指从事某一职业的成员所共有的信念、态度与知识,具有专业知识、专业自主、专业承诺和专业责任等特性。高职教育质量第三方评估的专业性主要表现在以下方面。

其一,评估人员的专业性。高职教育质量第三方评估机构是专业化的评估机构,要求其评估人员具有较高的基本素质、较强的专业能力及较为完备的知识结构,能娴熟地掌握高职教育的一般规律,能将专业的理论、技术与方法等运用到高职教育质量评估活动中。因此,第三方评估机构的人员必须是经过教育部认证的评估专家,必须是高职教育理论与实践方面的权威专家。

其二,评估方法的专业性。在评估过程中,评估工具、评估方法和评估结果应该具有专业性和科学性,并能在业界得到认可。

2. 独立性

独立性是指独立、自主、不依赖他人、不受他人控制,这是第三方评估实施的基础,也是保证评估结果公正的重要因素,被视为第三方评估的重要特征之一。高职教育质量第三方评估的独立性首先指评估人员在整个评估过程中无偏颇之观点,避免利益冲突。从独立性的概念可以看出,独立性包含有两大关键部分,且两者相辅相成、缺一不可:实质上的独立(independence in fact)与形式上的独立(independence in appearance)。实质上的独立意味着高职教育质量第三方评估主体在进行评估时必须秉持客观公正的态度。形式上的独立是指评估报告的使用者对评估人员的独立性极具信心。从这个意义上说,形式上的独立是从评估报告的使用者的角度观之,第三方评估人员的角色具有独立性。第三方评估人员不仅应在实质上维持独立,也应在形式上保持独立。实质上的独立多基于第三方评估人员专业养成时的训练和学习;而形式上的独立需靠第三方评估机构与主管监管机构共同努力,制定合理明确的规

①　Hill J. Differences in the Consumer Decision Process for Professional vs. Generic Services[J]. Journal of Services Marketing, 1988, 2(1): 17-23.

②　Larson M S, The Rise of Professionalism: A Sociological Analysis[M]. Berkeley: University of California Press, 1979: 250.

章,创造社会放心的第三方评估环境。

高职教育质量第三方评估的独立性还体现为评估机构应是独立的实体,其既不隶属于政府部门,也不依附于某个社会团体或个人,更不依赖于受评高校。首先,高职教育质量第三方评估机构不能沦为政府的附属机构,以保证评估结果的客观性和公正性。其次,高职教育质量第三方评估机构亦不能依赖评估对象——高职院校。如果过于依赖政府或者高职院校,那么政府或高职院校就会影响第三方评估机构,从而影响评估结果的公正性。再次,高职教育质量第三方评估机构具有独立的民事能力,恪守中间立场,做出独立的价值判断,对评估结果负直接责任。因此,在评估过程中,第三方评估机构必须恪守中间立场,能独立行使评估行为,不受相关联的任何一方的控制,不偏袒任何一方的利益,向委托者提供专业化的评估服务。

3. 公平性

公平常与公正紧密关联。根据韦氏字典的解释,公平是一种避免主观偏好的自由(freedom from bias of favoritism)。公平具有两种性质:一种是均等性的公平,即平等对待相同者,呈现出水平性、横向性、平均性等特征;另一种是非均等性的公平,呈现的特征是垂直的、纵向的,且不均等。[1]公平强调的是对客观事实的主观评价,因人、时、地、标准、条件而不同。公平是相对的,是一个历史的范畴,每个时代的公平观念可能会因当时的社会历史条件而有所变动。[2]高职教育质量评估的目的是提升高职教育质量,促进高职教育发展。因此,第三方评估要以专业性、独立性为基础,力求评估合乎程序、评估过程公开、评估报告客观公正。[3]在第三方评估中,高职教育质量评估机构要公平看待所有的评估对象,公平保障相关各方的利益。同时,评估机构通过公平、公正的评估活动,获得和累积良好的社会声誉,赢得相关各方和业界的广泛认可,实现评估活动业务的持续发展。高职教育质量第三方评估机构作为一种沟通高职教育与政府和社会的媒介,理应对公平、科学、专业的评估结果负责,并受到社会的严格监督。假使没有公平性,失去了"不偏不倚"的中立立场,其评估结果也会被质疑,从而影响其自身的生存和发展。[4]因此,第三方评估机构在运行过程中,应把握高职教育发展的一般规律,把公平性作为基本价值取向,进行公平的评估。

4. 中介性

中介性指第三方评估机构是协调政府、市场主体、高职院校和社会团体之间关

---

[1] Rawls J. Justice as Fairness:Political Not Metaphysical[J]. Philosophy & Public Affairs, 1985, 14(3):223-251.

[2] 杨德广,张兴. 关于高等教育公平与效率的哲学思考 [J]. 医学教育探索,2003(1):8-9.

[3] 陆春阳. 让第三方参与职业教育人才培养质量评价 [J]. 职业技术教育,2011(30):59-59.

[4] 薛卫洋. 质量建设进程中的高等教育中外合作办学:基于《高等教育第三方评估报告》的思考 [J]. 中国高教研究,2016(2):12-19.

系的重要枢纽和关键媒介。在高职教育质量评估中,评估主体——"管理者角色"的政府与评估对象——高职院校之间长期存在矛盾。因此,中介性是第三方评估机构用以协调政府、高职院校和社会之间的矛盾,并作为其联系的重要桥梁和纽带而必然存在的性质。① 因此,有的学者称它为"减压阀""缓冲器"。从第三方评估机构产生、发展的历史来看,第三方评估机构产生于评估主体与评估对象之间控制与反控制、需求与满足需求之间的矛盾中。在高职教育质量评估中,第三方评估机构因具有中介性的特点而被政府和高职院校接受,使二者之间的矛盾得以缓和,关系得以改善。后来,第三方评估机制也被引入高职教育中,第三方评估机构逐渐成为社会向高职院校提出要求、高职院校向社会公开其质量状况的一种具有中介性且具有权威性的组织。

(三)高职教育质量第三方评估的功能

高职教育质量评估兼具鉴定作用与诊断作用的双重功能,因此,开展高职教育质量评估是高职院校主动适应经济、政治、文化、科技发展的需要,也是加强高职院校与社会密切联系的有效途径。结合学者别敦荣关于高职教育质量评估功能的分析,笔者认为高职教育质量第三方评估主要有鉴定评估、咨询服务、科学研究及监督导向等功能。②

1.鉴定评估功能

第三方评估机构主要评估高职教育机构的办学资源、办学能力、师资队伍建设、专业人才培养、课程与教学、学生发展状况和社会服务力以及相关学科专业的开设条件、建设水平、建设特色、教育质量、发展程度、社会声誉等内容。高职教育质量第三方评估主要有合格评估、程度评估和状态鉴定评估。合格评估主要判定评估对象(如高职院校、新设高职学科专业)的教育条件、教育质量是否达标。程度评估主要评判高职院校办学水平或教育质量的高低。状态鉴定评估是指采取周期性评估或随机性评估的方式,对高职院校的办学状态、运行情况进行科学化鉴定。高职教育质量第三方评估可为政府的教育决策提供相关依据。为防止高职院校违规办学、发现高职教育存在的问题、促进高职教育的发展,政府委托第三方评估结构对高职院校的办学质量进行鉴定和检查。第三方评估机构可促进高职院校和政府相互沟通。高职院校也可根据评估结果客观认识自身办学的真实情况,依据评估结果进行改革,提升办学质量。

---

① 刘恩允.高等教育外部质量评价机制探讨:兼论中介性评估组织的建立和发展[J].辽宁教育研究,2003(12):34-40.
② 别敦荣.论高等教育评估的功能[J].高等教育研究,2002(6):34-38.

2. 咨询服务功能

第三方评估机构在评估过程中,会收集大量评估信息,发现评估对象存在的问题并提供可行性建议,可为相关利益主体提供咨询服务,例如,为政府决策提供参考,为高职院校提供教育发展战略方面的咨询,为社会投资者、家长及学生提供参考。

3. 科学研究功能

高职教育质量第三方评估实质上是一个研究高职教育发展状况的过程,需要采用科学、有效的研究工具和方法,形成客观的评估报告。第三方评估机构不仅需要完成事务性的评估工作,还要在评估过程中不断突破和创新评估理论与方法。只有进行持之以恒的研究,才能不断提高评估的科学性,第三方评估机构的声望才能不断提升。

4. 监督导向功能

监督导向亦是高职教育质量第三方评估的重要功能之一。政府对高职教育机构有监管职能。政府希望通过对高职院校的全面评估了解高职院校的办学情况,引导高职院校明确自身办学理念,加强师资队伍建设,通过校企合作、产教融合等方式激发其办学活力,使高职院校的人才培养能力得到提高,服务地方经济社会发展的能力得到增强。另外,政府将评估工作委托给第三方评估机构,行使监督功能,可减少权力寻租的空间。

三、高职教育质量第三方评估的理论背景

没有理论的指导,实践就是盲目的或者没有方向的。第三方评估的诞生,不仅有现实的需求驱动、政府的政策驱动,还有学术界的理论驱动。目前,高职教育质量第三方评估的理论背景主要有三方面:一是第四代评估理论为高职教育质量第三方评估提供了新的理念;二是治理理论为高职教育质量第三方评估明确了评估逻辑;三是委托代理理论为高职教育质量第三方评估提供了新的实践视角。

(一)第四代评估理论

第一代评估兴起于19世纪末,以测量的方式测定学生对知识的记忆状况或某种特质,因此称为测量时代。第二代评估产生于20世纪30年代,以泰勒的"八年研究"为主要标志,以学生为评估客体,以描述某些规定目标的优劣模式的方法描述教育结果与教育目标的一致程度,评估者的角色是描述者。第三代评估开始于20世纪50年代末,评估者扮演了评判员的角色,同时还保持了技术性和描述性的功能,判断是第三代评估的标志。[①] 第四代评估理论主要由美国教育家古贝和林肯于20世纪

---

① Guba E G, Lincoln Y S. Fourth Generation Evaluation[M]. California: Sage Publication, 1989: 9.

80年代提出。根据他们的划分,评估理论经历了测验、描述、判断和建构四个阶段。第四代评估主要内容如下。

1. 第四代评估的建构主义评估范式

建构主义评估范式是基于建构主义范式的评估形式。建构主义范式不同于其他常用的知识范式。它基于三个基本假设,即本体论、认识论和方法论。建构主义的本体论假设是相对主义,也就是说,组织经验符号学变成显而易见的、可理解的、可解释的形式,是一种解构的行为,与任何基本的现实无关。在相对主义视角下,不可能有"客观"的事实。建构主义的认识论假设是主观主义,也就是说,关于"现实"和"真相"的主张完全依赖于主体可用的意义集(信息)和复杂程度。① 建构主义的方法论假设是解释学—辩证主义,即几个人和团体(利益相关者)所受到的建构首先是被揭示和探索意义的过程,然后进行比较。前一个过程是解释学的,后两个过程是辩证法的。在进行评估时,"混合搭配"范例是不合适的,可能导致无意义的方法和结论。

2. 第四代评估的两个阶段

第四代评估分为两个阶段:发现和同化。② 在发现阶段,评估者描述"这里发生了什么"。如果评估者预先存在与评估有关的建构,则可能不需要发现阶段或者可能仅需要最小限度地解释一些含义(信息)。发现问题有很多种方法,具体取决于评估人员、相关信息提供人员和受访者对特定的和已有的结构的解释。发现本身即精神建构。如果预先存在的结构是从主体评价以外的来源,特别是从专业文献中抽取的,那么必须注意评估它们的范式基础;如果这些基础不是建构主义,那么严重的分裂就很容易被忽视。③ 例如,从实证主义的研究中得出的数据带入了一个真实值,这个数据反映了坚硬而又快速的特征,而这种特征不足以反映评估结果。在第四代评估理论框架内,数据被视为可变的,这取决于构造函数的视图,因此,在第四代评估中使用这些实证数据会破坏评估的本质。原因在于,实证主义和其他非建构主义方法(如概括、证明等)可能是作者意图的关键信号。建构主义的同化阶段指评估者将新发现纳入现有建构中。或者,如果新的发现与现有建构不同或相冲突时,就需要更新概念,解释发生的事情,证明相关性,使核心问题得到解决,并展现可修改性。

---

① Guba E G, Lincoln Y S. Guidelines and Checklist for Constructivist (Fourth Generation) Evaluation[EB/OL]. https://files. wmich. edu/s3fs-public/attachments/u350/2014/constructivisteval. pdf.

② Laughlin R, Broadbent J. Redesigning Fourth Generation Evaluation: An Evaluation Model for the Public-Sector Reforms in the UK? [J]. Evaluation, 1996, 2(4):431-451.

③ 谢小燕,顾来红,徐蓓蓓. 新管理主义的评估问题剖析与"第四代评估"理论的借鉴:基于场域视角[J]. 南京理工大学学报(社会科学版),2014,27(2):84-88.

3. 第四代评估的多元主体价值

以第四代评估的视角审视前三代评估,发现前三代评估存在以下问题。

一是评估主体单一导致的管理主义倾向。所谓"管理主义"是指在评估过程中忽视个体差异,以方便管理为首要考量的管理态度和方法。正如布卢姆、科隆巴赫、斯塔弗尔比姆等对泰勒的行为目标模式所进行的反思,认为行为目标模式在评估前确立目标含有"管理控制"的意图,因此不利于学生主观能动性的发挥。古贝和林肯认为,由于管理者一般是评估的委托人、评估资金的提供者以及负责完成评估报告的代理人的领导,通常情况下,评估指标体系的参数和边界的设定要听从管理者的意见。[①] 因为评估的内容、信息的整理和反馈乃至评估结论的运用都控制在管理者手中,一旦委托生效,管理者与评估者之间的关系就失去公平性。

二是忽略了评估的多元价值。评估的本质就是进行价值判断,一切价值判断都是由评估主体做出的,因此评估主体的复杂性构成是评估价值多元的根源。前三代评估先验地设定了唯一的价值标准和评估指标,忽视了千差万别的学生和学校的差异。此外,在我国特殊国情和体制下,评估过程反映的是管理者的意志和价值,因此前三代评估很难体现评估的多元价值。

三是过分强调评估科学范式。前三代评估都以科学范式引导其方法论,特别是随着统计方法的发展,人们把评估当作纯粹的技术过程,对科学范式的坚守自然导致对定量测量工具和手段的过分依赖。

第四代评估理论者认为评估的本质是通过"协商"形成"心理建构",是一个获得事实且对被评事物赋予价值的过程,该过程涵盖多种要素,包括政治、文化、人性等方面。第四代评估以利益相关者的主张、焦虑和争议作为组织评价焦点,坚持评估主体价值多元的理念,主张在评价中充分听取各方面的有关意见,由评估者不断协调各种价值标准间的矛盾,缩短意见分歧间的距离,最后形成公认的一致看法。第四代评估强调在自然环境中,用质性研究方法,使评估者通过各种形式的对话达成共识。

4. 第四代评估理论框架下的第三方评估

第四代评估以回应利益相关者的主张、焦虑与争议作为组织评价的焦点,把评估的利益相关者都纳入评估活动。高职教育质量第三方评估机构以独立于政府和学校的立场和视角进行评估活动,与学校和政府没有直接的利益关系,因此能保持相对客观公正的立场。第四代评估主张通过利益相关者之间的平等协商开展评估的理

---

① Guba E G, Lincoln Y S. Guidelines and Checklist for Constructivist (Fourth Generation) Evaluation[EB/OL]. https://files.wmich.edu/s3fs-public/attachments/u350/2014/constructivisteval.pdf.

念对构建当前我国高职教育质量第三方评估制度有较大的启发意义。

首先,既然第四代评估以建构主义作为评估的范式,认为没有绝对客观的评估结论,即不应该有统一的评估标准,因此,第三方评估机构在开展高职教育质量评估时应该与学生、家长、教师、企业等利益相关者进行充分沟通和协商,共同探讨构建评估的标准,实现利益相关者的利益最大化。其次,评估者与利益相关者之间是平等关系。第三方评估机构与政府有本质上的区别,政府以管理思维处理评估事务,行政色彩较浓;而第三方评估机构与利益相关者之间的关系是平等的,因此应以协商构建的思维与利益相关者平等协商,共同参与评估。再次,第三方评估机构应该充分发挥"缓冲器"的作用,发挥好政府决策咨询的智库功能、监督发展的协调功能及教育发展的科研功能,协调各方利益。

(二)治理理论

"治理"(governance)一词源于拉丁语和希腊语,原意是控制、引导与操纵。很长时期内,在国家公共事务相关的管理与政治活动中,"治理"与"统治"两个概念被交叉使用。[①] 治理理论于 20 世纪 90 年代产生于西方国家市场机制治理失灵的语境。后来"治理"一词被广泛应用于政治学等领域。目前对"治理"最为认可的定义是全球治理委员会在 1995 年《我们的全球伙伴关系》一书中的界定:"治理是多种公共的或私人的个人和机构管理其公共事务的诸多方式的总和。它是使相互冲突的或不同利益得以调和并且采取联合行动的持续的过程。"[②] 之后治理理论不断丰富和完善,并被很多国家政府广泛应用于公共管理领域。治理理论主要围绕政府和市场调控下社会发展可能出现的冲突因素展开,强调政府、市场和社会组织的多元合作,多元主体和谐参与解决公共问题。对此,我国著名学者俞可平认为,治理是以最大限度地增进公共利益为目的,在各种不同的制度关系中运用权力去引导、控制和规范公民的各种活动。[③] 治理是或公或私的个人和机构经营管理相同事务的诸多方式的总和,包括有权迫使人们服从的正式机构和规章制度以及种种非正式安排。[④]

1. 治理理论的主要内容

治理理论的主要观点是:治理不是一整套规则,也不是一种活动,而是一个动态的过程;治理过程的基础是协调,治理涉及公共部门和私人部门;治理是持续的互

---

① 赵成. 大学治理的含义及理论渊源 [J]. 现代教育管理,2009(4):35-38.

② Commission on Global Governance. Our Global Neighbourhood: The Report of the Commission on Global Governance [M]. Oxford: Oxford University Press, 1995: 2-3.

③ 俞可平. 权力政治与公益政治 [M]. 北京:社会科学出版社,2000: 13.

④ 俞可平. 权力政治与公益政治 [M]. 北京:社会科学出版社,2000: 270-272.

动,而不是一种正式的制度。① 基于上述观点,有学者从管理主体、管理方式、管理重点和管理理念的角度把治理理论概括为:管理主体不仅仅是政府还包括公民组织、私人部门、国际组织及公民个人等;强调民主和服务,通过合作、协调、伙伴关系确立共同目标而非强制权威;强调综合运用各种手段管理公共事务,这些手段不仅包括法律、政治等强制措施,也包括用经济手段调节市场机制,还包括文化和教育等手段。②

概而言之,治理理论的主要内容如下。一是去中心化,转变政府职能,树立有限、责任、法治、服务政府的观念,进而实现权力的让渡与分权。治理理论强调治理主体的多元化,但并没有否定政府在公共事务治理中的主导地位和重要作用。二是多中心化,强调政府之外多种主体参与公共事务治理,建立政府与公民之间的合作和互动关系。政府应以建立民主政府为目标,坚持执政为民的理念,拓展渠道,大力推进政务公开,为公民更便利、更直接地表达自己的意愿提供专门平台。三是反对夸大纯粹市场的作用。四是培育和加强民间组织的独立性。同时,要用法律手段对民间组织进行制约,提高民间组织的自治与自律能力,建立政府与民间组织相互协作的良好互动关系,实现治理的多层次化和多工具化并存的良好局面。

2. 治理理论框架下的第三方评估

首先,政府应转变职能。治理理论认为政府应从具体事务中腾出手来,发挥常规的调度、监督和协调职能,把高职教育的评估权利让给第三方评估机构。

其次,治理理论强调多种主体参与公共事务治理。多种主体包括政府、学校、学生、校友及企业等。在我国高职院校的治理中,除了应加强高职院校的自我管理、自我保障外,其他利益相关者也应该参与到高职院校的治理中。

再次,治理理论要求培育和完善第三方评估机构的独立性。2010 年颁布的《国家中长期教育改革和发展规划纲要(2010—2020 年)》、2015 年 5 月颁发的《教育部关于深入推进教育管办评分离促进政府职能转变的若干意见》以及 2017 年 9 月推出的《关于深化教育体制机制改革的意见》等均对开展第三方教育评估提出了明确的要求。管办评分离的前提是培育一批第三方评估机构,以科学性、实践性和操作性准则保障第三方评估机构的独立功能。

(三)委托代理理论

委托代理理论(Principal-Agent Theory)20 世纪 30 年代产生于美国。美国经济学家伯利和米恩斯研究发现,企业的所有者同时又是经营者的做法存在极大的弊

---

① 何增科. 做社会治理和社会善治的先行者:以云南省创新社会治理体制的实践为例 [J]. 中国非营利评论,2014,13(1)7:10.

② 温新民,左金风. 公共事务治理中的管理问题 [J]. 科技管理研究,2005,25(6):132-135.

病,因此他们有针对性地提出了委托代理理论。委托代理是指行为主体(一个或多个)根据一种契约(明示或隐含的),指定或雇佣另外的行为主体为其服务,同时授予服务方一定的决策权利,并对服务方支付相应的报酬。委托代理理论主要倡导企业或组织的所有者保留剩余索取权,而将经营权让渡。

1. 委托代理理论的主要观点

委托代理关系是随着生产力的发展和规模化的扩大而产生的。首先,生产力的发展使社会分工进一步精细,企业或组织的所有者不能行使所有的权利。其次,专业化分工产生了一大批具有专业知识和专业技能的代理人,他们有智慧、有能力行使好被委托的权利。再次,在委托代理关系中,委托人与代理人的价值取向不一。追求公司的利润或利益最大化是委托人的价值取向,而追求工资收入更高和闲暇更多是代理人的追求目标,两种价值冲突必然导致两者的利益冲突。倘若没有有效的制度安排,代理人的行为很可能损害委托人的利益。[①]

在非对称信息情况下,委托人不能完全观测到代理人的行为,只能观测到相关的服务变量。这些服务变量由代理人的行动和其他外生的随机因素共同决定。但是,委托人不能使用强制合同迫使代理人被动采取委托人提出的行动。

2. 委托代理理论框架下的第三方评估

委托代理关系在现代管理中随处可见,因此委托代理理论被广泛应用于分析和解决管理中的各种问题。

第一,以委托代理理论的视角分析,学校与第三方评估机构直接签订评估协议,学校与第三方评估机构是平等的合作关系,有效规避了传统评估中上级对下级的行政影响;第三方评估机构的专家直接入驻学校收集评估数据和信息,有效缩短了行政评估过程中的委托代理流程,规避了委托代理中的信息不对称,使评估更高效,更能直观反馈学校的客观情况,从而使评估结论更真实客观。

第二,新制度经济学家罗纳德•科斯认为,"交易成本是指经常性契约的费用、获得准确市场信息所需要的费用以及谈判费用。通俗地讲,交易成本由信息搜寻成本、谈判成本、缔约成本、监督履约情况的成本、可能发生的处理违约行为的成本所构成"。企业的委托代理关系越复杂,层级越多,制度性交易成本特别是监督履约的成本越高。高职院校委托第三方评估机构进行质量评估,节约了逐层行政监督的交易成本。

第三,政府以委托代理的方式实现对第三方评估机构的间接管理。第三方评估机构是相对独立的,评估过程不受太多的行政干预。第三方评估机构也不能完全不受政府约束,独立是相对的,完全不受约束的第三方评估将会产生道德风险。

---

① 汪贤裕,颜锦江. 委托代理关系中的激励和监督 [J]. 中国管理科学,2000,8(3):33-38.

第二节　国外高职教育质量第三方评估的经验

高职教育质量第三方评估在国外已经有了很好的实践基础,例如,在有的国家行业协会主导高职教育质量评估,有的国家为多元构成的国家质量委员会主导高职教育质量评估,有的国家为高等教育认证机构主导高职教育质量评估,这些都为我国高职教育质量第三方评估提供了借鉴。

一、行业协会主导高职教育质量评估

以行业协会主导高职教育质量评估的国家首推德国。长期以来,德国的职业教育一直是行业翘楚,并被其他国家争相模仿。发展职业教育也被认为是第二次世界大战后德国恢复经济的利器。德国的职业教育成就之所以世界瞩目,是因为其具有健全的质量保障体系。德国职业教育采用双元制。其中的一元是指职业学校,主要职能是培养学生具有专业知识;另一元是企业等校外实训场所,其主要职能是为学生提供职业技能方面的专业培训。

德国行业协会所设的职业教育委员会一般由六名雇主代表、六名雇员代表和六名职业学校教师组成,所有涉及职业教育的重要事宜,均须报告职业教育委员会,并听取其意见,包括审核培训企业资格、审核企业实训教师任职资格、发放资格证书、发布培训法规以及提供培训咨询、组织实施考试等。

二、多元构成的国家质量委员会主导高职教育质量评估

多元构成的国家质量委员会主导高职教育质量评估的典型国家是澳大利亚。独立于国家教育行政组织之外的国家质量委员会(National Quality Council, NQC)是负责澳大利亚职业教育质量管理的最高机构。国家质量委员会由政府部门、行业、工会、办学机构等的代表组成,负责职业教育技能标准的制定、颁布,并以此为基础制定课程开发原则。[①]具体说来,课程培训标准的制定、学校审批、专业设置和办学水平的评估等工作均由它负责。

1999 年 10 月 18 日,澳大利亚政府通过了在联邦资助的大学中建立新的质量保证机制的议案,并于 2000 年 3 月成立了大学质量管理机构——大学质量保证署(Australian Universities Quality Agency)。它是一个独立的、非营利性的全国性机构,在董事会的领导下开展工作,负责评估与监督澳大利亚的高等教育院校,并提交教育质量评估报告。在澳大利亚的技术与继续教育学院(TAFE)教育体系中,评估在质

---

① 吕红,石伟平．澳大利亚职业教育质量保障体系探究 [J]．外国教育研究,2009(1):85-87.

量保障中发挥着重要的作用。其质量管理执行国家标准,各州在国家指导下,结合本州的实际情况制定本州的评估制度。例如,为了使职业教育满足企业的需求,昆士兰州成立了 22 个行业培训咨询机构(Industry Training Advisory Body, ITAB)。ITAB 协助政府,积极参与对 TAFE 教学质量的督查、评估工作。

三、高等教育认证机构主导高等教育质量评估

美国高等教育质量保障采用认证制度。高等教育认证制度是针对高等教育所使用的一种外部评估制度,以监督高等教育机构,包括职业院校,保证教育质量。在美国,高等教育认证制度已有 100 多年的历史,主要源于对公众健康与安全的维护,以及为大众利益服务。[①] 美国高等教育认证机构负责对美国的高等教育机构和课程进行评估,目前已有超过 6400 所高等教育机构获得认证。

第三节　我国高职教育质量评估的发展历程

受国内外教育质量第三方评估理论和实践的影响,我国高职教育质量第三方评估从无到有,逐渐发展、完善,并取得了一定的成绩。我国高职教育质量评估是在普通高等教育质量评估基础上发展起来的,经历了管办评思想的萌芽、管办评分离的探索、第三方评估兴起三个发展阶段。

一、高职教育管办评思想的萌芽

1983 年 5 月,全国第二次高等教育会议在武汉召开,首次提出在我国建立高等教育评估制度、开展高等教育评估的设想。1985 年,《中共中央关于教育体制改革的决定》提出,"教育管理部门要组织教育界、知识界和用人部门定期对高等学校的教学水平进行评估,对成绩卓著的给予荣誉和物质上的重点支持,办得不好的要停业整顿"。1985 年 11 月,《关于开展高等工程教育评估研究和试点工作的通知》中要求"就高等教育评估的基本理论、指标体系、评估标准和评估方法,组织机构、程序、政策和国际经验等方面进行研究,并就办学水平、本科生培养质量、高等工业学校办学水平、课程教学质量的评估在不同学校进行试点"[②]。同年 6 月,国家教委召开高等工程教育评估专题讨论会,探索建立中国特色高等教育评估体系。1990 年,在试点评估工作的基础上,国家教委颁布了《普通高等学校教育评估暂行规定》,这是我国首

① Eaton J S. Accreditation and Recognition of Qualifications in Higher Education: The United States[J]. Quality and Recognition in Higher Education, 2004(7):63-74.
② 王战军. 学位与研究生教育评估技术与实践 [M]. 北京:高等教育出版社,2000:243-244.

份专门的高等教育评估法规性文件。至此,我中国开始了对高等教育评估制度的探索。1994 年,国家教委开始有计划地对普通高等学校的本科教学工作进行评估。从那时起,相继历经合格评估、优秀评估和随机性水平评估三种形式。[①] 1998 年,《中华人民共和国高等教育法》颁布,其中第 44 条规定:"高等学校的办学水平、教学质量,接受教育行政部门的监督和其组织的评估。"该法律确定了教育行政部门在高等教育评估工作中的主导地位。这一点在 1999 年 5 月 25 日《教育部关于实施〈中华人民共和国高等教育法〉若干问题的意见》(简称《意见》)中进一步得到了肯定。《意见》指出:"高等学校的办学水平和教育质量,由国务院教育行政部门组织专家或委托有关组织机构进行评估。各省市自治区直辖市教育行政部门应对本行政区域内的高等学校办学水平和教学质量进行监督、检查和必要的评估,国务院教育行政部门将依法加强对评估工作的管理。"

二、高职教育管办评分离的探索

如何实现政府治理与学校办学、社会评价的良性互动,是深化高等教育领域综合改革、完善中国特色现代大学制度的重要内容。早在 1992 年国家教委就颁发了《关于国家教委直属高校深化改革,扩大办学自主权的若干意见》(简称"16 条"),对促进政府简政放权,推动国家教委直属高等学校(简称"学校")转换运行机制、增强自主办学活力,起了积极作用。1994 年颁布的《国务院关于〈中国教育改革和发展纲要〉的实施意见》提出,"要建立、健全社会中介组织,包括教育评估机构等,发挥社会各界参与教育决策和管理的作用",这是国家首次对中介机构参与评估的倡议。同年,中国高等教育学会高等教育评估研究会成立。1997 年 1 月,国家教委发布的《国家教委关于转变职能,加强宏观管理,扩大直属高校办学自主权的若干意见》要求进一步理顺学校和政府的关系,简政放权。1996 年,上海市高等教育评估事务所(2000 年改名为上海市教育评估院)成立,是我国第一家高等教育评估事务所。此后,江苏、广东、辽宁等地相继成立了一批教育评估机构。1999 年 6 月 13 日颁布的《中共中央 国务院关于深化教育改革全面推进素质教育的决定》强调了非政府行业协会组织和社会中介机构在评估工作中的作用。2010 年,《国家中长期教育改革和发展规划纲要(2010—2020 年)》明确提出,"以转变政府职能和简政放权为重点,深化教育管理体制改革""促进管办评分离,形成政事开、权责明确、统筹协调、规范有序的教育管理体制"。2015 年 5 月,教育部颁布的《教育部关于深入推进教育管办评分离 促进政府职能转变的若干意见》强调了推进教育管办评分离,促进政

---

① 姚云,章建石. 当代世界高等教育评估历史与制度概览 [M]. 北京:北京师范大学出版社,2013:112-118.

府职能转变的重要意义、指导思想和基本原则,并对推进政校分开,建设依法办学、自主管理、民主监督、社会参与的现代学校制度提出了具体要求,也围绕推进依法评价,建立科学、规范、公正的教育评价制度提出了要求。

三、高等教育第三方评估的兴起

改革开放以后,第三方评估作为西方社会的现代治理手段也受到我国政府和民间的关注。和西方国家一样,第三方评估最初在我国主要应用于政府绩效、公共事业项目评估。第三方机构第一次作为政府绩效评估的主体是 2004 年 12 月,兰州大学的地方政府绩效评估中心接受甘肃省政府委托,对甘肃省各级政府的非公企业进行绩效评估。之后第三方评估在我国开启了崭新的篇章。一些省市效仿甘肃省委托学术机构、社会组织对公共服务质量和项目实施评估。例如,2006 年,杭州市政府委托浙江大学,对首届世界休闲博览会进行综合评估;厦门市思明区引入福州博智市场研究有限公司进行群众满意度评估;武汉市政府委托麦肯锡公司作为第三方对政府绩效进行评估。① 随着改革开放的持续深入,第三方评估机构如雨后春笋般涌现,并在各行各业得到广泛推广和应用。尤其是在党的十八大召开以后,政府更加重视决策咨询、政策评价和项目评估。2013 年 11 月颁布的《中共中央关于全面深化改革若干重大问题的决定》中提出加强中国特色新型智库建设,建立健全决策咨询制度。

2014 年 10 月党的十八届四中全会通过《中共中央关于全面推进依法治国若干重大问题的决定》,提出决策机关要引入第三方评估,充分听取各方意见,把公众参与、专家论证、风险评估作为重要的决策方式。2015 年 1 月,中共中央、国务院办公厅《关于加强中国特色新型智库建设的意见》颁布,要求建立评估制度,探索内部评估与智库第三方评估相结合的评估模式,增强评估结论的科学性及客观性。

在高等教育领域,1990 年 10 月,为了建设有中国特色的社会主义高等学校,加强国家对普通高等教育的宏观管理,指导普通高等学校的教育评估工作,国家教委制定了《普通高等学校教育评估暂行规定》(简称《规定》)。这是我国第一个高等教育评估方面的法规性文件,是我国高等教育评估工作开始走向规范化的标志。《规定》提出:"在学校自我评估的基础上,以组织党政有关部门和教育界、知识界以及用人部门进行的社会评估为重点,在政策上鼓励学术机构、社会团体参加教育评估。"这说明当时国家已经开始考虑并准备尝试评估方法的多元化。1993 年《中国教育改革和发展纲要》(简称《纲要》)颁发,提出"建立各级各类教育的质量标准和评估指标体系,各地教育部门要把检查评估学校教育质量作为一项经常性的任务……高

---

① 段红梅.我国政府绩效第三方评估的研究 [J].河南师范大学学报,2009(6):45-48.

等教育要采取领导、专家和用人部门相结合的办法,通过多种形式进行质量评估和检查"。《纲要》同样提出了第三方评估的要求,"要转变职能,由对学校的直接行政管理,转变为运用立法、拨款、规划、信息服务、政策指导和必要的行政手段,进行宏观管理。要重视和加强决策研究工作,建立有教育和社会各界专家参加的咨询、审议、评估等机构、对高等教育方针政策、发展战略和规划等提出咨询建议,形成民主的、科学的决策程序"。1990年制定的《普通高等学校教育评估暂行规定》只是提出"鼓励学术机构、社会团体参加教育评估",仅仅是"参加",而在《纲要》中,已经初见第三方评估的雏形:政府作为教育行政部门转变职能,并不直接干预评估的咨询、审议、评估等程序,并由"教育和社会各界专家"进行操作。

20世纪80年代通过召开镜泊湖会议、教育评估讲座与研讨会议、全国高等教育评估工作会议等评估理论研究会议,我国的评估理论逐步建立,比较符合我国教育的客观实际。20世纪90年代,随着政府职能的转变和学校办学自主权的扩大,我国出现了一些半官方的事业性中介评估机构。最为典型的是1996年在上海成立的上海市高等教育评估事务所。其后,1997年成立江苏教育评估院;1999年成立辽宁省教育评估事务所;2000年成立广东省教育发展研究与评估中心。2001年9月,第一次教育评估机构协作会议召开,决定筹建全国高等教育评估机构协作网。此外,还出现了一些与高校没有直接关系的民间评估机构,例如,《中国大学评价》课题组、上海软科教育信息咨询有限公司。

第三章 高职教育质量第三方评估的理念审视

"理念"一词源于古希腊语 eidos,是柏拉图哲学的核心概念。其原义为"形相""形式""外观""通型"等,从《荷马史诗》至苏格拉底都在这一意义上使用该词。"理念"被引用到英语中之后,被赋予了"精神""信仰""理想"等含义。后来,康德提及"理念"时,用以指称现象背后本体的知识,是直观和概念所不能及的那一部分。康德之后,德国唯心主义哲学的集大成者黑格尔再次使用了"理念"一词,用以指称自在自为的真理,即"概念和客观性的绝对统一"。黑格尔认为,理念本质上是生命、认识的统一,是理论与实践的统一,因而也是理想与现实的统一,所以黑格尔称其为绝对真理。当今,在理论研究中,我们通常把"理念"视作抽象概念和结论,是指导行动的总领思想。

哲学领域的"理念"移植、扩展到教育学领域中,便产生了"教育理念"。由于本书所要探究的"评估理念"是在"教育理念"和"价值取向"的基础上产生的,因此界定"评估理念"的前提是厘清"教育理念"和"价值取向"的内涵。关于"教育理念",学界至今尚无统一的界定。即使查阅顾明远主编的《教育大辞典》和董纯才主编的《中国大百科全书·教育卷》等权威教育典籍,都找不到"教育理念"的词条。有学者认为,"教育理念是关于教育发展的一种理想的、永恒的、精神性的范型,它反映教育的本质特点,从根本上回答为什么要办教育";也有的学者认为,"教育理念是指学校的高层管理者以学生前途与社会责任为重心,以自己的价值观与道德标准为基础,对管理学校所持的信念与态度"[①]。无论如何表述,"教育理念"描述了人们对教育实践及其教育观念的理性建构,是教育改革与发展的思想先导。要研究"评估理念",就离不开对"价值取向"的探讨。"价值取向"(value orientation)是价值哲学的重要范畴,它指的是一定主体基于自己的价值观在面对或处理各种矛盾、冲突、关系时所持的基本价值立场、价值态度以及所表现出来的基本价值取向。价值取向具有社会规范、社会定向和社会驱动的功能,有什么样的价值取向就会导致什么样的实践行为。它规定着社会主体所进行的各种价值评价、价值选择、价值创造等活动。

---

① 罗海鸥. 通识教育与大学文化发展:海峡两岸跨世纪大学文化发展研讨会综述 [J]. 高等教育研究,1999(4):57-59.

因此教育价值取向引导着教育评估活动的发展方向,规范着评估主体的行为方式,体现着评估工作的核心理念和精神实质。[①] 因此,"在某种意义上说,教育理念是教育思想家乃至整个民族的教育价值取向的反映"[②]。"评估是根据预定的标准,观察分析一项活动、一件事情做到什么程度,取得了什么结果,比较分析解释实际效果与预定目标的差异,说明目标的合理程度和实现的水平等的过程。"[③] 评估理念便是指导这种描述和判定过程的一种指导思想。评估理念与评估科学相伴相生,它指导着评估实践又被评估实践所验证。评估理念不是恒久不变的,它随着社会环境、相关学科的发展不断得以改进和完善。

第一节　目标理念设计:从优劣评判转为诊断和改进

目标是行动的方向,按照斯塔弗尔比姆的观点,评价最重要的不是为了区分,而是为了改进。[④] 高职教育质量第三方评估的根本目的是从优劣评价转为诊断和改进。

一、高职教育质量第三方评估目标理念现状

美国、丹麦、荷兰及英国的高职教育质量评估机构大多把焦点聚集在认证评估或教学绩效评估上。易言之,评估不仅是认证,还是一种二分法判断,是对学校教育水平的等级判定。例如,美国高职教育的学科和学生评估聚焦于学校规划或学程的效能,注重高职院校的办学声望,很少关注教学改进。[⑤]

高职教育质量的定量评估是对高职院校的办学情况以数据的形式进行评估。回顾世界教育评估发展历史,第一代评估注重测量,第二代评估注重描述,第三代评估注重判断,第四代评估注重谈判(解释学／辩证法)。新一代评估理论和评估实践的兴起都是对前一代评估理论的改善。从前三代评估关注的侧重点可以看出,前三代教育质量评估更倾向于定量评估。在很多学者看来,通过数据得出的结论更具有真实性、客观性和说服力。实证主义先驱约翰密尔倡导"在人文和社会科学研究中运用科学方法",理由是这种方法不仅在自然科学中取得了成功,而且可以使人文社科

① 阮青. 价值哲学 [M]. 北京:中央党校出版社,2004:160-162.

② 朱永新. 中国古代教育理念之贡献与局限 [J]. 教育研究,1998(10):56-61.

③ 柯常青. 对美国高等教育鉴认制度的探析与思考 [J]. 中国高等教育,2004(1):46-47.

④ Stufflebeam D L. The CIPP Model for Program Evaluation (update) [R]. Presented at the 2003 Annual Conference of the Oregon Program Evaluators Network (open), Portland, Oregon, 2003-10-03.

⑤ Dill D D. The Regulation of Academic Quality:An Assessment of University Evaluation Systems with Emphasis[M]. North Carolina:University of North Carolina,2003:27-37.

研究更具科学性。受这种思维影响,很多国家对高职教育质量评估选择了以指标测量、实证调查及问卷调查为主要手段的实证主义研究范式。实证主义研究范式的优势在于迅速实现了从原理理论(或假设)、问题到统计所需的定量手段转变,增加了预测和控制的能力。

　　然而,传统的实证主义调查方法是线性的、封闭的、不容置疑的,加之受到评估环境、评估制度和评估水平等因素的影响,高职教育质量第三方评估在方法的使用上存在一定的主体随从性、过程依附性和结果形式化等特点。具体表现为,科学主义泛化导致研究者随从行为,受伦理、政治及利益影响产生依附行为,评估结果与评估价值间的偏差导致评估结果形式化。[①] 这就使得单纯的定量判断不能作为高职院校诊断自身办学品质、提高自身声望的重要依据。正如古贝和林肯所说,"从实证主义的研究中得出的数据反映的是一个坚硬而又快速的特征,而这种特征在质量评估上是不完全真实的"[②]。

二、高职教育质量第三方评估目标的诊改性考量

　　评估目标是评估工作的指引。评估目标不同,所使用的评估方法及所选择的评估内容也不尽相同。高等教育评估的目的包括作为相关规划或经费辅助的决策参考,确保品质,获得专业的承认,认证,学位授予。凯尔斯认为,高等教育评估的目标是显示机构或专业领域目标的实现程度;向社会大众确保机构或专业领域达到所要求的品质;向社会大众确保机构或专业领域达到某专业领域的标准;提供经费参考辅助信息;提供改善机构或专业领域的参考;提高机构或专业领域运作的效率。[③] 之后,凯尔斯更精确地指出,高等教育评估主要是要达成"改进""品质保证""品质控制""功能重新设计""资源掌控""经费合理化与紧缩的依据"的目标。[④] 苏锦丽等认为,高等教育评估是一种手段,其目标是多重的,主要目标在于提升高等教育机构的教学、研究以及管理方面的品质。[⑤] 对大学而言,各校希望通过评估,提升学校的品质以及办学的绩效;对外部而言,需要通过评估向政府及社会大众展示各校的办学绩效,为学生与家长选择学校提供相关的信息。

① 邱忠霞,胡伟. 我国社会科学定量研究方法问题的反思 [J]. 学术论坛,2016(11):142-148.
② Guba E G, Lincoln Y S. Guidelines and Checklist for Constructivist (Fourth Generation) Evaluation[EB/OL]. https://files. wmich. edu/s3fs-public/attachments/u350/2014/ constructivisteval. pdf.
③ Kells H R. Self-Regulation in Higher Education:A Multi-National Perspective on Collaborative Systems of Quality Assurance and Control[J]. Higher Education Policy, 1992(3):53-54.
④ Kells H R. Self-Study Processes:A Guide to Self-Evaluation in Higher Education[M]. New York: American Council on Education, 1995:200-263.
⑤ 苏锦丽,詹惠雪. 评监模式:教育及人力服务观点 [J]. 课程与教学,2003(7):169-173.

由此可知,高等教育评估的目标大致可归纳为两类:品质改进导向与绩效责任导向。前者系协助高等教育机构改善其教育品质,后者则为促使高等教育机构完成其肩负的教育目标与教育责任。高等教育评估目标通常包括多个子目标,很少为了单一目标而进行评估。高等教育评估的基本目标是提高高等教育的品质。

在第四代评估理论的视域下,高职教育质量第三方评估的目标理念是诊改。诊改要求评估者在评估中不只是发现问题,对高职院校教育质量的好坏做出简单的判断,还要求评估者诊断出高职院校教育质量问题产生的原因,提出解决问题的对策。但是原因的诊断不是一次性的,而是在多次评估中形成的,并且是动态的,是根据评估活动的进行不断深入的。高职教育质量改善对策也不是由评估方单一提出的,而是在评估方的主导、组织下由相关利益者共同协商得出的,得到各个利益相关者的支持,具有可操作性。所以,诊改的意义还在于第三方的评估结果能够被采纳,能够得到各方的重视,从而起到改进高职教育质量的作用,而不是被束之高阁。

在现代汉语中,诊改包含诊断和改进两层含义。诊断是医学术语,指医生通过检查病人的病症,判断病因并开出治病处方;改进则指通过诊断,找出问题的本源以后,对症下药地解决和纠正问题。以诊改作为理念指导高职教育质量评估就是要建立质量保障过程中发现问题和解决问题的机制。因此,努力突破诊断的概念范畴,形成相对完整的质量诊改理论体系是高职教育理论研究者的共同使命。诊断学作为一门独立的学科,具有完整的理论基础和操作规程。随着学科间的相互交融与渗透,诊断学的基本观点、方法和原理,也逐渐向社会科学领域渗透,形成了社会诊断、企业诊断和教育诊断等理论。高质量的跨学科研究一方面为复杂的科学和社会问题提供了新的解决方案,催生了新的研究领域;另一方面也能实现不同学科理论间的有机整合。高职教育质量评估中的诊改主要有以下特征。

(一)自主性

自主性是行为主体按自己的意愿行事的动机、能力或特性,是一个哲学、政治学、伦理学、法学等学科领域都涉及的论题。不同的论域赋予了这一论题不同的内涵。高职教育质量诊改的自主性体现为高职院校积极地进行自我管理、自我约束、自我完善、自我适应。

(二)常态性

诊改的常态性体现为质量的诊改是发展性的而不是表现性的或总结性的。诊断和改进过程是通过常态化和动态进行的螺旋式诊断和改进从而实现质量的提升和发展的。评估的目的不是鉴定或证明,而是改进,是为了促进教学系统的优化,提高教育质量。

（三）实时性

实时性是指系统在规定时间内的反应能力。高职教育质量诊改的实时性具体体现为，高职院校的质量保障机制在应对外部事件时能及时迅速地做出反应，从而及时调整政策，有效避免因政策或实践不当而造成损害。

第二节　主体理念设计：从多元治理缺位转为多元治理到位

谁参与评价是民主政治时代教育评价的重要问题。如今，人类的行动已经从"单中心秩序（single center order）"走向了"多中心秩序（polycentric order）"。[①]"终极权威""服从链条"的行动规则已然被"多决策中心""相互独立"等规则所取代。在多中心治理的政治语境中，高职教育质量第三方评估也必须从多元治理缺位转为多元治理到位。

一、高职教育质量第三方评估主体现状

内涵发展和质量提升是当前我国高职教育综合改革的题中之义，而高职教育质量第三方评估是确保高职教育内涵发展与质量提升的重要途径。当前包括我国在内的世界各国的高职教育质量第三方评估，呈现出政府、高校和社会公众作为第三方评估主体不到位的问题。这种"不到位"体现为第三方评估主体的职能越位、职能缺位或职能失位。

（一）政府作为第三方评估主体的不到位

政府作为第三方评估主体的不到位主要体现为职能越位和职能缺位。政府的职能越位在法国和日本等国家较常见。政府作为高职教育质量的第三方评估主体主要负责设立评估高职院校的委员会，如法国的跟踪委员会和日本的国立大学法人评估委员会。法国的跟踪委员会对高职院校的业绩进行评估，并向国民议会提交评估报告。政府根据跟踪委员会的评估结果，按学校业绩情况进行拨款（占总拨款的20％）。日本的国立大学法人评估委员会根据各高职院校的自评报告对高职院校的办学情况进行评估，文部省根据评估报告进行资源分配。[②]这两个国家的评估委员会虽然在一定程度上对高职院校的办学质量提升起到了一定作用，但是政府在无形

① 〔美〕埃莉诺·奥斯特罗姆，帕克斯，惠特克. 公共服务的制度建构：都市警察服务的制度结构 [M]. 宋余喜，任睿，译. 上海：上海三联书店，2000：25.

② 张君辉. 政府与高校治理关系调适的国际经验：基于近年英、法、日三国高等教育改革分析 [J]. 教育研究，2015（9）：152-158.

中也给两国高职院校的办学带来一定压力和束缚。我国传统的政府对高职教育质量的评估是按照科层制组织构建并运作的,其管理逻辑遵循自上而下的科层制逻辑。

政府的职能缺位主要发生在英国等国家。英国的高等教育理事会是独立于政府的第三方机构,主要职责是对高职院校的课程设计、内容及组成,教与学的质量,学生进步情况与学业成就,对学生的支援与辅导,学习资源,质量管理与改进等进行评估,包括自评、学科视察、得出评定结果和做出学科评估报告等过程。也就意味着整个评估设计和评估过程都由高等教育理事会负责,充分发挥了其监督和评估的作用,而政府只是旁观者。

(二)高职院校作为第三方评估主体的不到位

高职院校作为第三方评估主体的不到位主要表现为职能缺位,该现象在发展中国家特别突出。高校治理手段,即实现高校治理目的的手段,是指高校通过宏观和微观制度改革而实现治理目的的一切中介要素。[①]共同治理是理想的高校治理模式,从治理主体看,共同治理模式要求各利益相关者参与到高职院校的治理中来,例如,高职院校、学生、家长以及其他社会组织共同参与。从治理方式看,共同治理模式强调政府、市场、高校和社会之间的民主协商互动,不是个体决策或少数人决策,而是各利益相关者共同协商决策,尽可能实现决策民主化与科学化。[②]当前,评估主体单一是我国高职教育存在的突出问题。造成这一问题的原因有两个。

第一,我国高职教育质量评估制度不完善。一直以来,我国高职院校办学受政府管控,高职院校教育质量评估结果是政府划拨资金的重要依据,然而高职院校却在质量评估中处于主体缺位状态。究竟由谁来制定高职院校的评估目标和评估标准,由谁来实施高职院校教育质量评估是改革和完善高职教育质量评估制度应该考虑的重要问题。

第二,高职院校自评能力有限。我国高职院校自办学开始,就处在政府自上而下的单向度管理模式中,依靠政府的办学路径和资金支持。然而,一些省市过度行政化、官僚化的积弊使得高职院校长期处于办学自主权缺失的状态,自主办学能力相对不足。[③]这种办学能力不足主要表现为高职院校没有自我评估能力,不能适时了解学校的教学情况、学科建设情况、学校事务等,因此,不能对症下药地提高办学品质,只是在政府规定的时间范围内,按照政府提供的评估指标按时提交相应的评估材料。

---

① 张云霞. 高校治理的目的与实现 [J]. 教育与经济,2012(4):54-57.
② 余华. 高校治理体系完善与治理能力提升探析 [J]. 湖南师范大学教育科学学报,2015,14(3):58-62.
③ 张中华. 完善办学体制机制,推进高校治理能力建设 [J]. 中国高等教育,2014(1):14-17.

（三）社会公众作为第三方评估主体的不到位

过去，我国缺乏有影响力的高职教育质量第三方评估机构，其原因有三：其一，政府对高职教育质量第三方评估机构建设在政策上和资金扶持上的力度不够。其二，社会公众参与高职教育质量第三方评估的意识不够，参与积极性不高。当"发挥第三方评估机构在高职教育质量评估中的作用"仅仅是一种不痛不痒的口号时，也就意味着社会公众并没有将其当作一件与自身切身利益相关的事情，不会思考如何参与高职教育质量评估。其三，即使有少数第三方评估机构积极参与高职教育质量评估，但因评估经验和评估能力欠缺，没有形成第三方评估智囊团，不能准确定位高职教育质量评估的目标，没有掌握评估应具备的技术手段。以上原因，可能导致两种结果：其一，学校对社会公众的评估能力产生怀疑，不愿意把评估结果作为了解自身办学情况、提高自身办学质量的重要依据；其二，政府对社会公众的评估能力不信任，怀疑社会公众所提供的评估报告的真实性。长此以往，社会公众作为高职教育质量第三方评估主体的身份会因为学校和政府的不信任而变得可有可无。

二、高职教育质量第三方评估主体的多元治理考量

斯特罗泊丽提出高等教育评估是大学内部一个相当重要的系统的观点。他认为这个评估系统包括政府、企业、社会公众、学生以及大学五个有影响关系的角色。唯有五种角色皆有机会参与评估活动，评估机制才发挥效用。[①] 在斯特罗泊丽看来，高等教育评估系统中各主体与大学的关系如表 3-1 所示。

表 3-1　高等教育评估系统中各主体与大学的关系

主体	媒介	扮演角色
政府	预算、资金	预算监督与审查
企业	研究合同	研究成果评估
社会公众	捐款	高校整体满意度评估
学生	学杂费	大学教师满意度评估
大学	行政人员、教师	与其他角色互动

资料来源：Stropoli A. The French Comité National d'évaluation[C]. Quality Assurance in Higher Education, 1991：39.

事实上，多元治理模式是高校良好、和谐、稳定发展的重要途径。在多元治理模式框架下，多元治理权力是基础，是各高职院校治理的前提；多元治理主体是核心，任何高职院校的治理行为必须由治理主体产生；多元治理资源是桥梁，任何治理主体都

---

① Staropoli A. The French Comité national d'évaluation[C]. Quality Assurance in Higher Education, 1991：39.

离不开治理资源,否则再好的治理技术都显得乏力;多元治理手段是途径,各治理主体在运用治理权力、治理资源以及实施治理时,都必须运用科学、高效、合理、合法和程序化的治理手段,才能促进高职院校的发展。① 因此,高职教育质量第三方评估的主体理念也需要从一元治理走向多元治理。

(一)权力:多元治理的基础

高校治理的核心问题是权力问题,即什么样的人以什么样的方式获得权力并以什么样的方式行使权力。② 目前,我国高职院校治理权力的生成具有二元性,主要体现为行政放权型和高校内生性。行政放权,看上去政府给了高职院校自治的权力,实则还是具有明显的国家强制性,即便高职院校实行自治,也只能在国家规定的范围内。不仅如此,高职院校自治的范围是有限的,例如,高职院校自我评估或者选择第三方评估机构也需要在国家的规定范围内。高职院校内生的权力从本质上说应该是学校内部师生以及学校行政人员的自治权力,但在实践中仍然是少数学校领导说了算。因此,第三方评估能否作为国家政策制定的依据和高职院校改善、提高办学质量的重要依据,在一定程度上,取决于行政权力与自治权力的博弈。这就需要行政权力和自治权力进行互动,其关键在于高职院校行政权力如何融入自治权力。原因在于,虽然高职院校的发展需要自治权力,但如果完全离开行政权力的制约或是完全抛开行政权力的指导,会导致高职院校在未来的发展中寸步难行。为此,要实现两种权力的融合,需要政府在高职院校治理中适度放权,并尽可能把行政权力放置于与自治权力平等的位置。

(二)主体:多元治理的核心

构建多元治理主体的关键在于创设一个维系高职院校生存和发展的质量评估体系。它可以是学校内部利益相关者进行利益互动的有效平台,也可以是作为学校外部利益相关者的社会组织与学校、政府互动的有效平台。这就意味着高职教育质量评估主体可以是学校本身,可以是政府机构,也可以是社会公众,三个主体在评估系统中平等互动,你作用于我,我作用于你。因此,各评估主体的地位是平等的,不享有特殊权力,任何一项评估结果的决定必须本着协商的原则,不由任何一方做出判决。

(三)资源:多元治理的桥梁

治理资源与治理主体是治理结构中具有密切联系的两大构成要素。传统的一元

① 肖勇,龚晓,伍晓雪."多元"对"一元"的否定:村庄"多元"治理模式及其构建[J].社会科学研究,2009(3):93-98.
② 滕锡尧,王朋琦,麻福水,等.试论乡村治理结构在政治机制上的根本转型[J].新视野,2008(1):66-68.

治理模式中,政府依靠其自身的政治资源、经济资源对高职院校进行治理,忽视了有效人力资源(社会公众)等作用的发挥。高职院校的资源主要有资金资源、人力资源和技术资源。资金资源是高职院校治理主体必不可少的资源,倘若没有资金支持,教育活动就无法顺利展开。人力资源是推动高职教育发展的人的总称。[①]人力资源有一定的主观能动性,行政经验越丰富、学历层次越高、评估经验越丰富的评估主体,越期望得到社会的广泛认可,越能发挥各自的主观能动性。高职院校的多元治理,有利于各主体人力资源的优势互补。技术资源不仅包括与高职教育质量评估相关的技术设备,也包括人力资源。[②]

(四)手段:多元治理的途径

传统模式下,政府对高职院校的治理是一元的。高职院校多元治理模式下,政府对高职院校的治理手段也必须是多元的。高职院校多元治理的手段包括行政手段、经济手段、民主协商手段和法治手段。就行政手段而言,一元治理模式和多元治理模式对行政手段的运用方式是不一样的。一元治理模式的行政手段具有权威至上性和排他性,其运用结果体现为命令性。而多元治理模式的行政手段是非至上、非排他的,其运用结果体现为行政手段的参与性。就经济手段而言,在一元治理模式下,政府片面强调治理的政治性,忽略了治理的经济性,导致高职院校不能完全脱离政府的资金支持。多元治理模式下,高职院校的资源来源多样化。就民主协商手段而言,各高职院校治理主体在高职教育质量评估系统中形成良性互动,协商确定每一项评估结果。法治手段,即通过立法、政策和制度建设严格界定各评估主体的权利范围。

第三节　内容理念设计:参数指标从单向制定转为协同构建

在传统的评估中,人们总是期望全能的评价者解决一切问题,如今,第四代评估理论却主张从协商的角度进行评估。[③]因此,高职教育质量第三方评估的参数指标要从单向制定转向协同构建。

一、高职教育质量第三方评估内容现状

传统的评估内容设计注重单向性参数指标,正如古贝和林肯所划分的前三代教

---

① 刘国萍. 论人力资源的创新管理 [J]. 企业经济, 2011(11):74-76.

② 项国雄,魏丹丹. 教育技术的资源观:对教育技术资源内涵的重新审视 [J]. 中国电化教育,2005(1):68-71.

③ 〔美〕埃贡•G. 古贝,伊冯娜•S. 林肯. 第四代评估 [M]. 秦霖,蒋燕玲,译. 北京:中国人民大学出版社,2008:24-29.

育质量评估的侧重点,分别为"测量""描述""判断"。[①] 第一代评估产生于 19 世纪末,由于测量技术的使用,采用测量的方式测定学生对知识的记忆状况或某种特质,因此称为测量时代。第二代评估产生于 20 世纪 30 年代,代表人物泰勒认为评估是以学生为评估客体,以描述某些规定目标的优劣为特征描述教育结果与教育目标的一致程度,评估者的角色是描述者,因而描述是第二代评估的特征。第三代评估兴起于 20 世纪 50 年代末至 70 年代,评估者扮演评判员的角色,同时还保持了技术和描述的功能,因此判断是第三代评估的标志。第四代评估于 20 世纪 80 年代兴起,以建构主义评估模式为主。

我国当前高职教育质量评估采用量化研究的范式,在评估开始前已经先验性地制定好评估标准。在评估过程中,评审专家组参照事先制定的评估标准逐一审核并进行实地考察,然后做出评判,简单地用事先制定的一套标准衡量因地域差异、发展历史、理念定位各有差异的众多学校,违背了夸美纽斯关于教育要适应自然和适应个体的适应性原则。斯克里文对这样的强制性情况提出了批评,他认为从合法性、伦理性、合理性上说,一般性的研究结果不能作为对个别学校或个别教师进行评估的依据。这种纯量化的评估范式,容易使得评估结果失真,信效度不足。倘若一所高职院校因不合理的评估报告而获得政府的政策红利,可能会导致更需要政府政策红利的其他高职院校不满,甚至会导致高职院校对第三方评估主体施加压力。

二、高职教育质量第三方评估内容的协同构建性考量

建构主义者对教学的理解是学生在教师设置的情境中,通过活动和交流对知识进行主动加工而实现意义。建构主义从本体论上否决了客观事实的存在,主张事实是意识的社会建构。高职教育的评估者和被评估者之间会针对评估过程中出现的问题相互作用,第四代评估的协商—构建采用的就是建构主义方法论。我国高职教育质量评估一旦采用第四代评估的方法,就代表摒弃了传统方法论中参数指标的预设定,在专家组进驻访谈中通过发现和调查不断与学生、老师等利益相关者互动、协商。正如多尔所言"没有人拥有绝对的真理,每个人都有权利被理解"。以建构主义范式开展双向的和辩证的协商谈判,直到与高职教育的利益相关者之间就评估问题达成共识,更具说服力。

第四代评估强调评估专家、教育管理者、用人单位等所有利益相关者应作为评估的主体参与其中,强调各评估主体之间平等交流、共同建构、互动协商;关注正在发生的事实并始终贯穿于教育评估活动的全过程。而传统评估的主体通常以教育部遴选的专家为主,其他高职教育利益相关者的参与度和话语权相对弱化;传统

---

① 杨彩菊,周志刚.西方教育评价思想嬗变历程分析 [J].国家教育行政学院学报,2013(5):50-54.

评估通常在某项教育活动的中期或者结束时实施,关注已经发生的事实,具有偶然性、周期性的特点。高职教育质量第三方评估内容的协同构建性表现在以下几个方面。

第一,以利益相关者的"主张""焦虑"和"争议"作为先导。解释学辩证法是伽达默尔在参与创立新解释学的同时建立的一种与之相适应的辩证分析法。解释是因为其在性质上是解释的,辩证是因为其体现的是各种歧义观点的比较,是黑格尔哲学意义上的高度综合。辩证循环是解释学的特点之一,即评估由第三方评估机构与被评估院校平等协商完成,第三方评估机构和被评估院校是平等的关系,循环协商机制既保证了评估过程的民主又规避了层层的行政委托和权力干扰,提升了评估效率,实现了评估的相对客观和公正。

第四代评估正是采用解释学辩证循环的原则及自然主义调查方法论作为基础的辩证法。无论是政府委托还是学校委托,一旦委托生效,先识别利益相关者,然后建立解释学辩证循环的连接性构建并检查其可行性,以此循环。总体说来,解释学辩证循环的流程首先是识别利益相关者,并使他们提出各自的主张、焦虑和争议(claim concern issue, CCI),这里的"主张"是利益相关者提出的有利于评估对象的方案。"焦虑"是利益相关者提出的不利于评估对象的方案。"争议"是利益相关者不一定赞同的某种事情状态。然后由对立的群体对 CCI 进行辩论,这一阶段可能解决部分 CCI;对于仍未被解决的 CCI 便是评估者收集信息中的重点。最后,在评估者的主持下,利益相关者利用收集的评估信息进行协商并力求达成共识。

第二,以建构主义为评估的方法论。建构主义是一种关于知识和学习的理论,强调学习者的主动性,认为学习是学习者基于原有的知识经验生成意义、建构理解的过程,而这一过程常常是在社会文化互动中完成的。建构主义的提出有着深刻的思想渊源,它迥异于传统的学习理论和教学思想,对教学设计具有重要指导价值。建构主义的最早提出者可追溯至瑞士的皮亚杰。他是认知发展领域有影响力的心理学家之一,他所创立的关于儿童认知发展的学派被人们称为日内瓦学派。皮亚杰的理论充满唯物辩证法,坚持从内因和外因相互作用的观点来研究儿童的认知发展。他认为,儿童是在与周围环境相互作用的过程中,逐步建构起关于外部世界的知识,从而使自身认知结构得到发展的。知识不是通过教师传授得到,而是学习者在一定的情境即社会文化背景下,借助其他人(包括教师和学习伙伴)的帮助,利用必要的学习资料,通过意义建构的方式而获得。由于学习是在一定的情境(即社会文化背景)中,借助其他人的帮助(即通过人际间的协作活动)而实现的意义建构过程,因此建构主义学习理论认为"情境""协作""会话"和"意义建构"是学习环境中的四大要素或四大属性。

第四代评估以建构主义作为方法,使高职院校在多样、复杂、动态的自然情境中量体裁衣地接受考查,把评估客体的 CCI 作为回应焦点,有效规避了格式化地制定好参数、机械地执行评估的局限,使评估关注特色发展,从而更具有情境性和针对性。此外,建构主义的质性范式排除了一些传统方法难以量化的描述性信息,规避了评估专家的经验主义和价值观引导判断得出评估结论的局限。质性评估"往复、互动、辩证、开放"的评价系统让高职教育的利益相关者得出各自的判断,并通过反复的讨论、协商建构共识性的心理评判。正如古贝和林肯在第四代评估理论中所说,这种方法可能点缀着砾石,但是却引向奢华而显然未被欣赏的玫瑰园。

第四节 过程理念设计:从静态评审转向动态监测

在信息化、智慧时代,质量已经从需求质量走向了全面质量,对于评价过程的数据获取,也不再是短暂的、间歇式性的抽样,而是实现了大数据化。从技术和评价科学性的角度来说,高职教育质量第三方评估要从静态评审转向动态监测。

一、高职教育质量第三方评估过程理念的回顾

研究我国高职教育质量第三方评估发现,我国的第三方评估更注重管理式评审。所谓管理式评审是指,由教育行政部门对高职院校的教学设计、学科建设、专业设置等进行系统性评价,以便监督学校的教学管理。由此可知,管理式评审的目的是政府对高职院校的办学进行纠错,并提出纠错措施,同时也为了确保政府的资源分配合理。整个管理式评审过程由教育行政部门的相关人员负责,运用其专业评估经验标识出与高职院校办学规划不一致之处。鉴于评估结论对学校的资源配置有重要影响,受功利思想驱动,部分学校以"突击式"评估、"运动式"迎评被动回应政府评估。可见,第三方评估缺失根植于高职院校评估的内生动力,过分关注评估结论而忽略基于评估结论反馈的整改,缺乏长效的质量监督和保障机制。因此,在我国高职教育由外延式扩张向内涵式发展转型的背景下,全面提高高职教育质量,要求建立持续、动态的评估理念与之相适应。根据第四代评估理论,评估的本质是对问题的协商、谈判和构建,是一个建构与再建构的连续过程,总会有无法达成共识的问题,这些问题的存在使评估活动变成反复循环的过程。

二、高职教育质量第三方评估过程的动态监测性考量

监测是指监督、管理和检查、测量。监测不是静态的评价,而是对事物进行动态的、不间断的监督、测量,以便全方位把握其变化。高职教育监测是指运用现代化信息手段,持续、不间断地收集、分析有关高职教育发展过程和状态的信息,为利益相关者判断和决策提供支持的过程。高职教育监测可以持续关注高职教育系统的发展

状态,避免信息搜集的片面性,可以更多地关照高职教育发展的系统性、全面性和发展性。

对高职教育实施动态监测,所获数据和信息更具直观性,监测主体可以密切关注高职院校办学过程中各要素的实时状态,以便及时预警和改进。

另外,第四代评估理论强调评估过程的建构性。评估不是一种结果,而是一个不断循环往复的建构过程,评估活动就是要不断发现问题、解决问题。建构性的监测评估理念对于高职教育的评估变革意味深远,将推动教育评价和教育监督功能的动态结合,与静态评估相比优势明显。

首先,评估目的的导向性。高职教育监测虽然是动态的,但其评估目的是一致的;其评估目标可以实时调整,但必须围绕"促进高职教育持续性发展"的目的来开展。在高职教育监测过程中,对各要素信息的搜集不是盲目、零散的,所有的信息收集和分析工作都是围绕既定的目的统筹开展,并实时受到监督。动态监测必须有预定的标准,这个标准可以根据具体情况实时建构,以避免评估的随意性。当前,我国的高职院校多是被动迎评,但在第四代评估理念的引导下,高职教育质量评估工作的目的也发生了改变,对高职教育的评估更多关注动态性的质量监督和持续性的推进发展。

其次,评估过程的持续性。持续性是监测评估与传统评估最大的区别。监测评估更关注高职教育实施过程中各要素的实时状态,并针对可能出现的问题实时预警、及时提出补救和改进措施。[①] 传统评估一般只关注高职教育行为的结果和既成事实,仅仅是对教育行为和最终结果进行评定,所得到的评定结果也只能作为未来发展的参考。

---

① 王战军,王永林. 监测评估:高等教育评估发展的新图景 [J]. 复旦教育论坛,2014(2):5-9.

第四章 高职教育质量第三方评估的主体类型辨析

马克思主义实践论认为"主体是同活动对象(即客体)相对的哲学范畴,主体是活动的发出者、承担者和执行者。主体的知识水平、技术手段制约着对客体认识和改造的深度和广度"[①]。在高职教育质量评估活动中,评估主体是具备一定的利益相关性并实际参与评估过程的人,即教育评估活动的实施者。[②] 由于任何评估活动都是由特定的评估主体组织实施的,因此评估主体的选择对于评估结果具有举足轻重的影响。同时,由于任何一个评估主体都有自身特定的参与意图、参与视角和坚守的价值,因此,构建多元评估主体是保证高职教育质量评估客观、公正及有效的基本前提。由于评估主体均有一定的利益相关性,根据学界从消费者和管理者等不同视角对评估主体的不同解读可知,在高职教育质量评估工作中,具有利益相关性以及评估活动实施的关键主体大多包括政府、学校、学生及用人单位(或企业)等,各方因责、权、利的差异承担不同的功能,因此本书在分析高职教育质量的评估主体类型时,以弗里曼的利益相关者理论作为依据,并以2014年5月国务院颁布的《国务院关于加快发展现代职业教育的决定》作为政策依据,对我国高职教育质量的利益相关者进行识别、区分与界定。

第一节　高职教育质量第三方评估的主体类型辨析框架

"利益相关者"的概念最早在社会科学中产生,常与"公众参与"的概念一起出现。虽然其当时没有一个统一的名称,但是"利益相关者"与共同管理制度是有关联的。弗里曼指出,许多组织的相关议题与问题都与组织内部或外部的利益相关者及

① 李淮春. 马克思主义哲学全书 [M]. 北京:中国人民大学出版社,1996:215.
② 王永林. 王战军. 论高等职业教育评估主体的构成 [J]. 职业技术教育,2011,32(25):56-59.

利益相关者之间的关系有关。① 利益相关者是指任何在该组织达成使命过程中利益相关的人。米特罗夫指出利益相关者是一种具体存在的社会实体,它影响了组织的相关活动、行为和政策。② 皮斯托夫首次提出了"多元利益相关者"概念,认为利益相关者可能是个人或是团体,且他们对组织有合法性的要求,而合法性的建立,可能是通过交换关系,允许利益相关者有对组织提出要求的权利、投资的权利和参与相关活动的权利。多元利益相关者可能是管理者、需求者、供应者、政府或是公共资源。这些利益相关者之间可能有不同的利益冲突。例如,需求者想得到低价的产品和高品质的服务,供应者则想以更高的价格卖给可靠的买主。但是一般来说,组织在运作上(包含资源的使用)是通过代理人制度让资源取得更大化收益的,但当利益相关者变得多元化且分散,或组织资源配置的透明度低时,管理者和利益相关者之间就会产生信息上的不对称,导致管理者拥有更多的控制组织的权限,但利益相关者却无法得到组织运营的完整信息。所以,利益相关者将成为管理者咨询的对象,而评估主体应促进这些分散的利益相关者相互合作,减少与解决冲突,而不仅仅是控制成本。因此,利益相关者理论要求评估不能由某一特定的利益团体或者组织所主导,集权与垄断应被协作性商议、协调、参与所取代。由此可以看出,组织的运作与表现深受这些角色各异、背景与观点多元的利益相关者所影响。

一、利益相关者分类

有关利益相关者的分类很多,例如,有的从利益相关者与组织之间的关系着眼,将利益相关者分成初级与次级;③ 有的从对组织是否拥有所有权着眼,将其分为拥有者与非拥有者;有的从影响力的方向着眼,将其分为影响者与被影响者;有的从利益相关者的意愿着眼,将其分为自愿性与非自愿性④。此外,还有学者从利益相关者之间、利益相关者与组织之间的关系进行分类。弗里曼以必要性(necessary)或权宜性(contingent)来区分利益相关者并且以利益相关者所提供意见或资源是否对组织有帮助界定二者是否相容。据此可以将利益相关者分为四类:A类,具有必须共存关系

① Freeman R E, Reed D L. Stockholders and Stakeholders: A New Perspective on Corporate Governance[J]. California Management Review, 1983, 25(3): 88-106.

② Mitroff I I. Stakeholders of the Organizational Mind[M]. San Francisco: Jossey-Bass Inc Pub, 1983: 89.

③ Carroll A B. A Three Dimension Conceptual Model of Corporate Performance[J]. Academy of Management Review, 1979(4): 497-505.

④ Clarkson M B E. A Stakeholder Framework for Analyzing and Evaluating Corporate Social Performance[J]. Academy of Management review, 1995, 20(1): 92-117.

（必要且相容）的股东、高阶主管、上下游伙伴；B类，视情况而具有共存关系（权宜且不相容）的主要、合作机构等；C类，视情况可不具有共存关系（权宜且不相容）的反对或抗议的团体；D类，必要但不具有共存关系（必要且不相容）的低阶员工、相关协会、政府、顾客、投资者等。[1] 上述分类体现出各利益相关者在组织管理运营中的不同作用。

二、高职教育质量第三方评估过程中的利益相关主体分类

高职教育质量第三方评估的关键在于处理好利益相关者之间的关系。在高职教育质量评估过程中，辨别出关键性的利益相关者，有助于达成共识。利益相关者就是与达成计划目标有关的人，他们的参与与支持对于目标的实现很重要。因此，可以借由利益相关者分析辨别出所有与高职教育规划或政策有强、弱、一般关系的利益相关者，进而了解高职教育发展中的问题，进而促进高职教育质量的提升。

阿什福思等人认为，内部评估与社会评估可以帮助个体回答我是谁、我怎么样等问题。[2] 无论是高职院校的自我评估还是政府主导的评估，抑或是民间中介机构的评估、同行评估，都是集体性认知概念，用来阐明关于高职院校"自我"与"集体我"之间的关联性。高职院校的自我评估是自我概念的一部分，是学校成员对学校办学的核心的、独特的以及持久性特征的共同看法。其中，核心特征是指该特征对学校成员来说是根本且重要的；独特特征是指可让学校成员区别该学校与其他学校间差异的属性；持久性特征是指高职院校属性具有时间上的连续性和稳定性。高职院校的自我评估和外界评估之间有高度的相关性，但通常是学校领导的自我评估与外界评估的相关性较高。从这个意义上讲，运用利益相关者理论对高职教育质量第三方评估主体进行辨析，可识别各个利益主体，并明确各评估主体间的利益相关性。为此，本书利用米切尔评分法（Mitchell Score-Based Approach）对高职教育质量第三方评估过程中的利益相关者进行识别。

米切尔等人认为可以用权力（Power）、合法性（Legitimacy）及急迫性（Urgency）三个属性来区别利益相关者，并将其进一步分为三个主类别、七个次类别（表4-1）。[3]

① Friedman A L, Miles S. Developing Stakeholder Theory[J]. Journal of Management Studies, 2002, 39(1): 1-21.

② Mael F A, Ashforth B E. Loyal from Day One: Biodata, Organizational Identification, and Turnover Among Newcomers[J]. Personnel Psychology, 1995, 48(2): 309-333.

③ Mitchell R K, Agle B R, Wood D J. Toward a Theory of Stakeholder Identification and Salience: Defining the Principle of Who and What Really Counts[J]. Academy of Management Review, 1997, 22(4): 853-886.

表4-1　米切尔利益相关者分类

具体类型特质具备度	权力	合法性	急迫性	最终归类	与特定主体的相关程度
潜伏性利益相关者	一般	弱	弱	潜在型利益相关者	较低
自由性利益相关者	弱	一般	弱		
索求性利益相关者	弱	弱	弱		
关键性利益相关者	较强／一般	较强／一般	一般	期待型利益相关者	一般
依赖性利益相关者	一般／弱	较强／弱	一般		
危险性利益相关者	较强／一般	一般／弱	一般		
权威性利益相关者	强／较强	强／较强	较强	决定型利益相关者	较高

　　根据米切尔的利益相关者分类,关键性利益相关者比较重视评估目标、合法性基础和资源的利用,且其关注的焦点是高职院校的内部运作及取得的成果。权威性利益相关者更加重视高职院校的成果效益、结构或制度,与关键性利益相关者相比,更加重视理想性。潜伏性利益相关者仅考虑利益的获取。依赖性利益相关者并不具有很大的权力,其评估结果的影响力较低,但因为有明显的独立性,其评估结果的客观性不可小觑。由于权威性利益相关者同时具有高权力、高合法性特征,所以其评估结果容易被其他利益相关者所接受,也容易被广为宣传和讨论。自由性利益相关者或索求性利益相关者因为仅具合法性,不能对学校进行全面客观评估,影响力较小,评估结果不被外界宣传和接受。倘若各利益相关者有一致的、共识性高的评估标准,那么评估结果会更加客观,认可度也会上升。总的来说,不同利益相关者看待同一个评估对象,因角色差异,关注的重点不一样,会进一步衍生出多元评估尺度。

　　基于以上分析,对于高职教育质量评估而言,其利益相关者为受评高职院校、政府、民间中介组织或同行组织等。各利益相关者在高职教育质量评估系统中形成如图4-1所示的三角利益关系。

政府

受评高职院校　　　民间中介机构（同行组织）

图4-1　高职教育质量评估系统中的三角利益关系

　　由此,可从影响力、合法性的角度辨别出目前比较典型的高职教育质量第三方评估的利益相关主体类型,如表4-2所示。

表4-2　高职教育质量第三方评估的利益相关主体类型

评估主体类型		评估主体	特质具备度			所属类型
			影响力	合法性	急迫性	
民间中介组织主导型		政府	弱	弱	弱	潜在型利益相关者
		受评高职院校	一般	一般	弱	
		民间中介机构	强	强	弱	
政府主导型	集权与合作评估型	政府	强	强	较强	决定型利益相关者
		受评高职院校	一般	一般	较强	
		民间中介机构	弱	弱	较强	
	集权型	政府	强	强	强	
		受评高职院校	较弱	较弱	较强	
		企业	弱	弱	较强	
同行主导型		政府	较弱	较弱	较弱	期待型利益相关者
		受评高职院校	弱	弱	一般	
		行会组织	强	强	一般	

本书对高职教育质量第三方评估进行了系统分析,将与评估工作有联系或者有可能参与的评估主体一并加以梳理,从中得出高职教育质量第三方评估的利益相关主体汇总表。由表4-2可知,高职教育质量第三方评估主体可以分为民间中介组织主导型、政府主导型(集权与合作评估型、集权评估型)和同行主导型。不同类型的评估主体与被评估主体的利益相关程度分别为较低、较高、一般。

第二节　民间中介组织主导型高职教育质量第三方评估
——以美国为例

美国高职教育质量第三方评估机构类型多样,包括中学后教育鉴定委员会(负责院校和专业鉴定);相关专业的学术评估审查认证协会,如旅游学术评估审查认证协会;各大区域的审议委员会,如西部院校认证协会、南部院校认证协会、中北部院校认证协会、西北部大学院校评估委员会。各评估组织以各自的方式参与到教育评估活动中,并对高职院校办学质量的提升提供了重要参考,为政府制定高职教育政策和调整资源分配提供客观信息,也为社会公众全面了解高职院校的办学质量提供渠道。美国政府虽不直接参与评估活动,但与各评估组织有着密切的合作关系,以特定的方式作用于评估活动,实现了促进高职教育发展的理念。[①]

美国采取的民间中介组织主导的高职教育质量第三方评估模式,使民间中介组织有着较强的合法性和影响力,因此,这些民间中介组织对于高职院校来说是关键性利益相关者,且属于期待型利益相关者,但与高职院校的利益相关程度一般。美国高职院校若想了解学校的教育质量,就可以申请民间中介组织对其教育质量进行评估。因此,美国高职院校接受民间中介组织评估不是因联邦政府要求,而是出于自身发展考虑自愿申请;民间中介组织独立于政府,其认证行为不受政府支配,旨在提升高职院校的教育质量。

一、以提升高职院校教育质量为旨趣的区域审议委员会认证目标

美国区域审议委员会隶属于各区域的认证协会。认证协会是由民间同性质或同地区的学术团体设立的自发性组织,承担各相关学术单位的认证工作。区域审议委员会的认证目标如表4-3所示。

表4-3　美国区域审议委员会的认证目标

区域	审议委员会名称	目标
西部	学校审议委员会 社区大学与专科学校审议委员会 大学院校审议委员会	(1)促使学校保证教育质量; (2)发展高等教育的证据文化,以事实资料作为决策依据; (3)促进学校与学校之间的互动与交流
南部	大学院校审议委员会	借由高等教育共同体建立符合社会与学生需求的认证标准,确保学校符合该标准,以保证学校的办学品质,促使高等教育提高质量,强化该区域的教育品质
中北部	高等教育审议委员会 院校认证与品质促进委员会	确保并提高教育质量
西北部	西北部大学院校审议委员会 西北部学校认证委员会	落实客观的、公正的、可适用于各院校的认证标准,协助各院校完成自我评估,并实施同行访视,促进学校提高办学效能,提高教育质量

---

① 季靖.高等教育评估中介性机构问题探讨[J].辽宁教育研究,2000(2):39-44.

西部院校认证协会(Western Association of Schools and Colleges, WASC)成立于1962年,目的在于促进西部地区教育的发展。WASC进行学校认证的区域为加州、夏威夷与太平洋盆地区。WASC共有三大委员会:学校审议委员会(Accrediting Commission for Schools, ACS)、社区大学与专科学校审议委员会(Accrediting Commission for Community and Junior Colleges, ACCJC)、大学院校审议委员会(Accrediting Commission for Senior Colleges and Universities, ACSCU),其中社区大学与专科学校审议委员会负责社区大学／学院、专科学校的认证工作。其服务宗旨有三个:① 促使学校保证教育质量。② 发展高等教育的证据文化,以事实资料作为决策依据。③ 促进学校与学校之间的互动与交流。

南部院校认证协会(Southern Association of Colleges and Schools, SACS)成立于1895年,主要对美国南方11个州的教育机构与进行认证。[①] SACS有两大委员会,其中大学院校审议委员会(Commission on Colleges, COC)负责高等教育院校的认证。COC也接受其他国家高等教育机构的认证申请。其目标是借由高等教育共同体建立符合社会与学生需求的认证标准,确保学校符合该标准,以保证学校的教育质量,提高高等教育的教育效能,强化该区域的教育品质。

中北部院校认证协会(North Central Association of Colleges and Schools, NCA)于1895年成立。发展至今,NCA的会员学校共1万多所,范围涵盖美国19个州的学校以及美国之外的美国学校。其院校认证工作分别由两大独立组织进行:高等教育审议委员会(The Higher Learning Commission, HLC)负责授予学位的高等教育院校的认证;院校认证与质量促进委员会(The Commission on Accreditation and School Improvement, NCA-CASI)则负责其他层级的学校(包含幼儿园与小学、中学、成人职业教育学校)和高等教育中非学位课程等的认证工作。[②]这19个州的大学院校,要参与认证须提出申请,通过认证后方能成为NCA-CASI的会员学校。[③] 两个委员会的认证目标是确保并提高教育品质。

西北部大学院校审议委员会(Northwest Commission on Colleges and Universities, NWCCU)于1917年成立,负责美国西北部7个州的大学院校认证工作。只有通过认证的大学院校才能成为NWCCU的会员学校,正在申请认证以及认证候选学校等

---

① SACS-COC. The Principles of Accreditation: Foundations for Quality Enhancement [EB/OL]. http://www.sacscoc.org/pdf/2012 Principles of Accreditation.

② Davis C O. A History of the North Central Association of Colleges and Secondary Schools, 1895-1945[C]. North Central Association of Colleges and Secondary Schools, 1945: 203-280.

③ NCA. Members of the Association[EB/OL]. http://www.northcentralassociation.org/COMM % 20MEMBERS.

都不是 NWCCU 的会员学校。至于其他层级的学校认证工作，则由西北部学校认证委员会（Northwest Accreditation Commission, NWAC）进行。[①]两个委员会的目标是，借由客观的、公正的、适用于各院校的认证标准，协助各院校完成自我评估报告，并实施同行访视，确保教育质量，提高学校办学效能，为学校的质量保证与机制改进助力。[②]

总而言之，美国区域审议委员会的目的如下：其一，确保学术质量，鼓励各相关院校自发改进不符合认证标准的项目。换言之，美国的认证制度旨在通过评估发挥学校自主治理的精神，进而促使全校教职员工共同参与，以达到提升学校教育质量的最终目的，而不是学校之间互比高下，竞排名次。其二，向社会大众公开学校的教育活动水平是否达到预定的标准，毕业生在其专业领域上是否具备必备技能。认证每五年进行一次，通过认证的高职院校五年后要再自行提出认证申请，以确保其持续具备办学资格，否则将被取消资格。

二、以高职院校发展为取向的区域审议委员会认证标准

认证标准（Accreditation Standards）用来确认学校是否达成其办学目标。办学目标包含两部分：其一，具有足够的办学能力，具有清晰的宗旨、崇高的道德标准、稳定的财务、健全的内部组织架构。其二，具有清晰的教育目标。学校通过自我评估，收集相关资料，以了解学校的教育与学生的学业是否符合其办学目标。

美国区域审议委员会的评估标准大致涵盖八个方面：即资格要求，使命、愿景及价值观和规划，管理，教师，学生，教学资源，学习成果，特殊专业的学习成果。例如，西部院校认证协会大学院校审议委员会以尊重多样性为使命，其认证标准包括四个维度，即办学宗旨和教育目标，通过学校核心职能实现教育目标，开发和应用资源，合理的组织结构以确保办学质量和可持续性。39 个评估指标分布在认证标准的四个维度中。

三、以学校自评为基点的区域审议委员会认证流程

区域审议委员会的认证属于校务型评估，采取学校自愿申请制，遵循自我评估、实地访评、综合评判和追踪评估等流程实施评估。美国区域审议委员会的认证流程如表 4-4 所示。

---

① NWAC Historical Perspectives[EB/OL]. http://remote. northwestaccreditation. org/webportal/About NWAC/Our History.

② NWCCU. Accreditation Handbook[EB/OL]. http://www. nwccu. org/Pubs%20Forms%20and%20Updates/Publications/Accreditation%20Handbook.

表4-4 美国区域审议委员会的认证流程

中北部	西北部	西部	南部
学校提出申请	学校提出申请	学校提出申请	学校提出申请
↓	↓	↓	↓
NCA-HLC 审核其基本资格	NWCCU 审核基本资格	WASC-ACSCU 审核学校的基本资格	SACS-COC 审查申请资料
↓	↓	↓	↓
学校进行自我评估	学校进行自我评估	申请候选资格审核	SACS-COC 候选资格审核小组进行实地访问视察
↓	↓	↓	↓
NCA-HLC 进行校务视察访问	NWCCU 进行实地访问视察	学校进行办学能力与教育效能自我评估	SACS-COC 决定候选资格审查结果
↓	↓	↓	↓
学校获得候选资格	学校成为候选学校	WASC-ACSCU 进行实地访问视察	学校进行自我评估
↓	↓	↓	↓
学校申请正式认证	学校申请正式认证	WASC-ACSCU 公布结果	SACS-COC 认证小组进行实地访问视察
↓	↓		↓
学校自我评估与实地访问视察	学校自我评估与实地访问视察		SACS-COC 公布结果
↓	↓		
NCA-HLC 公布结果	NWCCU 公布结果		

资料来源:蔡小婷. 美国高等教育区域性评鉴机构:西部与南部地区 [J]. 评鉴双月刊,2012(7):35-42.

第一,受评学校自行向区域审议委员会提出初步申请。例如,美国旅游专业的认证程序的第一步是学校先向区域审议委员会提出初步申请,表明学校的受评目的及该学校的行政部门已经同意受评。第二,区域审议委员会确认学校符合受评标准后,学校进一步提出正式申请并做好评估准备。第三,学校进行自我评估,并将考核结果以书面报告方式呈现,再由区域审议委员会复审。为此,学校成立校内评估团以进行大规模的自我评估。第四,学校提交自我评估报告之后,区域审议委员会依据认证标准进行现场访问视察,确认受评学校的实际状况与自我评估报告的符合程度,并就受评学校的对策建议给出鉴定结果。第五,自我评估及区域审议委员会的审查是持续进行的程序,任意一项审查结果、行动或记录皆会被保留,每五年会再复审一次,每年学校必须视发展状况不断更新自我评估报告。

综上可知,美国区域审议委员会的认证目标、认证流程与认证标准均不受政府的主导,其目标与认证标准由审议委员会的专家制定,认证流程也不受政府和高职院校的干涉,因此,美国高职教育质量第三方评估是典型的民间中介组织主导型,其评估主要是为了提升高职院校办学品质,具有很强的独立性、专业性和学术性。

第三节 政府主导型高职教育质量第三方评估——以英国为例

20 世纪,迫于经济压力,英国政府和社会开始关注高等教育质量问题,并构建起了较为完整的高等教育评估制度和体系。英国政府为了加强对高校的管理,设置了高等教育质量保证局、高等教育质量委员会,负责高等教育质量的评估和督导工作。高等教育质量保证局(Quality Assurance Agency for Higher Education, QAA)是一个独立的高等教育评估机构,其成员主要来自高校和社会专业组织,不仅评估高校的教育绩效,也为政府资金划拨提供客观信息。此外,政府为了能够更有效地控制高校,专门设置了高等教育基金委员会,下设质量评估委员会。英国对于高等教育质量的管控采取教学与研究分离的制度,在研究质量方面,由三个高等教育基金委员会负责,对大学研究工作进行评估。英国自 1986 年实施第一次高等教育研究评估以来,迄今为止已进行多次评估,第二次与第三次评估分别于 1989 年和 1992 年进行,第四次评估于 1996 年年底完成,并且于 1997 年年初公布了评估结果,第五次评估则在 2001 年公布结果,第六次评估是在 2008 年完成的。对于教学质量方面的评估,则是由 QAA 负责,QAA 进行学科评估。

从利益相关者的视角分析,QAA 是政府机构,因此,具有很强的影响力和合法性,其权威性和强制性突出,是高职院校最直接的利益相关者,其评估结果直接关系到政府对高职院校的资金划拨,因此,与高职院校的利益相关程度较高,属于决定型利益相关者。

一、英国高职教育质量第三方评估的发展历程与变迁

评估是一种价值判断活动,是判断客体满足主体需要程度的活动。斯塔弗尔比姆认为教育评估(Educational Evaluation)是教育现象的选择、描述以及主张与价值的判断过程。[①] 英国是欧洲第一个以评估作为政策制定工具的欧洲国家。不同于美国的认证制度,英国采取国家层级的质量保证制度。英国高等教育质量保证制度与其高等教育体制改革有密切的关联。根据贝尔内特的研究,英国高等教育评估制度的发展分为三个阶段,如表 4-5 所示。[②]

---

① Stufflebeam D L. Foundational Models for 21st Century Program Evaluation[M]. Dordrecht: Springer, 2000: 33-83.

② Barnett R. The Evaluation of the Higher Education System in the United Kingdom[J]. The Evaluation of Higher Education Systems, 1996(12): 144.

表4-5　英国高等教育评估发展历程

阶段	时间	评估机构	主要任务
第一阶段	20 世纪 60 年代中期至 80 年代中期	学术审议委员会（CNAA）	确保大学之外的高等教育机构的质量达到大学的水平
第二阶段	20 世纪 80 年代中期至 90 年代初期	大学校长委员会（CVCP）	为提高大学教育质量建言
第三阶段	20 世纪 90 年代初至今	高等教育质量保证局（QAA）	保证和提高高等教育质量

第一阶段为 20 世纪 60 年代中期至 80 年代中期,主要是通过学术审议委员会（Council for National Academic Awards, CNAA）发挥作用,确保非大学的高等教育机构的质量达到大学的水平;第二阶段为 20 世纪 80 年代中期至 90 年代初,主要由大学校长委员会（Committee of Vice-chancellors and Principals, CVCP）为各大学的教育质量提升建言献策;第三阶段是从 20 世纪 90 年代至今,通过 QAA 保证和提高英国高等教育质量。1992 年,英国将多元技术学院改制为大学,自此实施多年的双轨制被废除,高等教育系统正式改为单轨制。1992 年 7 月,英国各大学及学院出资成立财团法人性质的高等教育质量委员会（Higher Education Quality Council, HEQC）,负责评估大学的学术质量。而高等教育拨款委员会（Higher Education Funding Council, HEFC）则负责评估教育机构的教学质量,并为教育经费补助提供参考。[①] 尔后,英国政府为确保高等教育的质量,建议设置一个专责机构来评估高等教育质量。在此背景下,英国政府在 1997 年成立 QAA 来整合取代高等教育拨款委员会的教学质量审核,进行学科审核;而高等教育质量委员会的学术质量审议则变成后来的机构审核,即对学校整体的评估,用来检视学校管理的质量。QAA 的成立,意味着英国各高校的教学质量必须接受外界的监督和公开评估。2002—2005 年,QAA 以机构审议和学科审议跟踪的方式对高校进行评估,并从 2006 年停止学科层面的教学评估,改为以机构层面的评估为主。[②]

二、以提高教育质量为目标

QAA 是英国政府委托的独立法人机构。政府希望借由这种外部审查,让大众获

---

① Underwood S. Assessing the Quality of Quality Assessment: The Inspection of Teaching and Learning in British Universities[J]. Journal of Education for Teaching: International Research and Pedagogy, 2000, 26(1): 73-91.

② Quality Assurance Agency for Higher Education. Handbook for Institutional Audit: England and Northern Ireland 2009 / QAA[EB/OL]. https://trove.nla.gov.au/version/189188227.

得清晰客观的评估信息，因此英国高等院校均受 QAA 的审核监督。QAA 成立的宗旨在于促进社会大众对于高等教育质量保证及品质强化标准的信心，并确保教育质量达到绩效目标，以建立、维持、提升高等教育的学术标准。[①]QAA 之所以强调绩效目标，是因为绩效目标是进行资源管理最直接的手段。

QAA 认为质量保证的主要责任在于高校本身，因此 QAA 代表拨款单位对高校进行评估，评估结果将作为政府拨款的重要参考信息。[②] QAA 按照质量保证机制，设定各个教育层级的学术标准及评估指标等，综合使用内部与外部管制方式，确保高等教育机构的教育质量。

三、以学生学习为高职教育质量评估的核心

QAA 强调评估不在于质量控制（Quality Control），而在于质量保证。因此，QAA 希望借由提供参考点（Reference Points），让受评高校自行做好内部质量管理，进而提升其教育质量。QAA 对高校进行审核以高校的办学宗旨与目标为基础，通过课程、教学、师资、资源与行政管理等指标，检视高校是否完成发展目标。这种做法有利于展现各高校的办学特色，而不是把教条式的标准嵌套在每个受评高校中。QAA 的学科审核标准强调教育目标与学生学习成果的符合程度以及项目质量管理的执行情况。在实施学科审核时，特别针对学科属性进行学术标准（Academic Standards）和学习机会质量（the Quality of Learning Opportunities）两个部分的评估，用以判断受评项目的预期学习成果、学生成就是否与预期成果相符以及课程内容与评价的有效性等，涵盖目标、特色与自我改善，课程设计与教师教学，学生学习与学生事务，研究与专业表现，毕业生表现等五个指标。

近年来，质量标准成为英国高等教育管理的权威性参考标准。它在高等教育发展和改革方面发挥了积极作用。质量标准由高等教育专家组开发，并由学校、学生及其他主要利益相关者定期磋商，不断更新。从 2012 年开始，英国高等教育质量标准由 QAA 与高校和学生合作开发，取代了以前由 QAA 开发和管理的一系列质量标准。2017 年，QAA 代表英国四家高等教育基金机构（ENF、HEFCE、HEFCW、SFC）对高等教育质量标准提出了新的期望，如表 4-6 所示。

---

① Quality Assurance Agency for Higher Education, QAA [EB/OL]. http://www.qaa.ac.uk/academicinfrastructure/bench mark/honours/hospitality. pdf.

② Borahan N G, Ziarati R. Developing Quality Criteria for Application in the Higher Education Sector in Turkey[J]. Total Quality Management, 2002, 13(7): 913-926.

表4-6 QAA对高等教育质量标准的新期望

期望	核心实践
1. 学校确保学生符合行业公认的标准; 2. 学校提供符合学术标准的课程	学生达到资格框架中规定的学术标准
	学生达到的标准超出了相关行业所规定的水平
	学校使用可靠、公正和透明的评估和分类流程
学校提供精心设计的课程,提供高质量的教育	学校设计并提供高质量的课程
	学校拥有足够的合格且经验丰富的员工,为所有学生提供高质量的教育
	学校拥有足够的设施和学习资源
	经常征求学生的意见
学校为学生高质量的学习提供支持	学生了解如何进行投诉,学校及时公平地处理这些问题
	高质量的研究项目在适当的和支持性的研究环境中进行,以便支持学生获得成果
	如果学校与其他高校或组织合作,则需要对学生的学习质量负责
	学校拥有可靠和公平的录取制度,使学生能够与课程相匹配,并获得高质量的学习和成功所需的支持

资料来源:UKSUA. Consultation on the Review of the UK Quality Code for Higher Education(the Quality Code)[EB/OL]. http://www. qaa. ac. uk/en/Publications/Documents/Consultation-on-the-review-of-UK-Quality-Code-for-Higher-Education. pdf.

QAA强调评估不在于质量控制,而在于质量保证。就学术标准而言,QAA制定了一系列关于评估的学术标准,包括学科审核手册以及学科标准陈述等。所谓学科标准是用来说明某一层级学位资格所应达到的水平。它并非一套特定知识,而是大学在规划一个系所或学程时,有关学生应有的知识能力之基础架构。QAA所出版的系列学科标准陈述由内部指导小组及学科领域的专家学者共同讨论确定,并以学生表现为基础,即毕业生应具备的知识、技术和能力等需符合业界的需求。这些资料说明了该学科的范畴、核心课程的内容以及毕业生应有的能力等,让受评学校能清楚地了解该学科审核所涵盖的范围。

就宗旨目标而言,QAA注重内部自我评估机制的运作与教育质量的改善,在评估时尊重各校自定的办学目标或学生学习与发展方向,注重学生的学习成果与学校办学目标的衔接性。

就课程而言,课程是教育质量的核心。有学者指出,课程评估标准要符合未来五年至十年产业界的需求。① 也就是说，课程设计要与课程目标一致，课程内容要与产业发展相结合。QAA还强调高职院校的课程内容要符合国家层面的学术标准和学位要求，让社会公众对该学科的教育质量充分信任。

QAA对学生的学习支援及辅导机制格外重视，关注学生的学习过程和经验；在教学质量方面强调教师发展、同行教学质量、整合师资与团体教学的技巧，将教学质量的层次提升到团队的水准，教学质量的提升不只是教师个人的责任。就资源而言，主要考察学校的软、硬件资源的充足性、使用情况以及管理维护状况。特别注重学习资源对教育目标和学习成果是否有促进作用。就学生而言，QAA以结果为导向，主要检视在校生的学业成就是否符合学科与学位的资格水准。其评估指标兼顾量与质，除了调查毕业生的学业成就与升学率之外，还调查业界与毕业生等利益相关者对学校教育的满意度。就行政管理而言，在学校领导层面，重视领导者与系所经营成效的关系，主要评估领导者的领导能力；在学生管理层面，重视学生奖助学金的获得情况、学生会的运作等。

第四节 同行主导型高职教育质量第三方评估——以荷兰为例

在高等教育大众化，甚至普及化的今天，如何强化高等教育在国际上的竞争力一直是各国所关注的焦点。身为欧盟创始国之一的荷兰，也推行了一系列高等教育政策。例如，为配合欧盟的高等教育三层级学位体系政策，荷兰从2002年开始对学位体系进行调整，并通过课程认证的方式确保高等教育质量。2003年，荷兰与比利时荷语区合作，通过设立荷兰—比利时荷语区认证机构（NVAO）来改进荷兰高等教育的品质，进而提升其国际竞争力。

荷兰高等教育实行双轨制，其课程认证制度也是根据各高等教育机构申请认证的课程是属于学术导向还是专业导向，属于既有课程还是新设课程而分别处理。荷兰对既有课程所进行的外部评估主要由经NVAO许可的评估机构进行实地访评，NVAO则主要是针对其评估报告作最后认可和判断。

从利益相关者视角分析，荷兰的高职教育质量第三方评估机构主要包括两个主体，即NVAO负责对高职进行课程认证，同行组织负责外部同行评估工作，两个评估主体均独立于政府和高职院校，旨在提高高职教育质量。其中，同行组织的影响力一般，是典型的期望型利益相关者；NVAO的影响力较强，属于决定型利益相关者。两

① Su A Y L, Miller J L, Shanklin C. An Evaluation of Accreditation Curriculum Standards for Four-Year Undergraduate Hospitality Programs[J]. Journal of Hospitality & Tourism Education, 1997, 9(3)：75-79.

个评估主体的评估结果对确保荷兰高职教育的可持续发展做出了重要贡献。

一、荷兰高职教育质量评估的发展历程

荷兰的高等教育采取普通教育与专业科学教育分流的双轨制。整体来说，荷兰的高等教育机构主要分成两大类：一类是研究型大学，荷兰语为 wetenschappelijk onderwijs，简称 WO；另一类是应用科学导向的专业高等教育机构，荷兰语为 hoger beroeps onderwijs，简称 HBO，相当于我国的高等职业教育。

多数学者将 2002 年作为荷兰高等教育变革的节点。2002 年以前，荷兰的专业高等教育机构（HBO）主要在下述七个领域为学生提供广泛的职业教育，这七个领域分别为农学、工程和科技、经济学和商业管理、卫生保健照护、美术及表演艺术、师资培训和社会福利。课程修读年限为四年，课程修读结束后可获高等职业技术教育学位或专业高等教育学位。一般来说，HBO 的学生一旦毕业，因其已完成该领域的专业资格训练，便可立即投入与专业相关的工作，因此不用再进修，也无须向专业协会注册登记或申请专业证照。在这一时期，荷兰高等教育质量是由中央教育行政主管部门——教育、文化与科学部（Ministerie van Onderwijs, Cultuur en Wetenschop, OCW）负责的。荷兰的教育、文化与科学部统筹制定教育法规，包括各级学校设立的相关规定，及大学（WO）或专业高等教育机构（HBO）运行（含课程提供及考试等）时应该遵行的规则等。

早在 20 世纪 80 年代，荷兰民众对政府是否应该管理高等教育的所有事务有了不同的声音，政府开始要求高等教育机构进行自我管理来检视其教学质量并确保毕业生能达到一定的专业标准。这就意味着荷兰高校有了一定程度的自主权。1983 年，荷兰大学推行了一项与研究有关的"条件式的经费拨款补助政策"（"Conditional Funding"，简称 CF 政策），旨在促进荷兰大学在如何充分利用政府的经费补助等资源以及决定经费使用的优先顺序等方面进行系统化讨论。[①] 因此，CF 政策可以说是荷兰政府首次针对高等教育经费使用及对其绩效进行检视与评估的行动方案，此政策的实施促使政府改变了对大学经费补助的方式，即从以往的直接将钱拨给大学的政府拨款模式（Give Away Model）转变为交换模式（Exchange Model），而在交换模式下，接受经费补助的教育机构必须对经费的使用绩效情况进行评估。在 CF 政策下，外部同行委员会评估大学的研究成果。若评估结果是肯定的，学校就能获得政府五年的经费资助。外部同行评估使得荷兰高等教育评估成为专业合法性程序。[②] 虽然

---

① Jeliazkova M, Westerheijden D F. The Netherlands: A Leader in Quality Assurance Follows the Accreditation Trend[M]. Dordrecht: Springer, 2004: 323-345.

② Jeliazkova M, Westerheijden D F. The Netherlands: A Leader in Quality Assurance Follows the Accreditation Trend[M]. Dordrecht: Springer, 2004: 323-345.

后来 CF 政策被取消,但大部分荷兰大学仍然用此进行内部管理。

此后,《高等教育:自主与质量》(Higher Education:Autonomy and Quality)政策出台,从以往只关心大学研究成果发展为评估教学质量,但认证制度仍然没有被提上日程。直至 1999 年欧洲 29 个国家签署《博洛尼亚宣言》(Bologna Declaration)之后,认证制成为各国讨论的重要议题之一。荷兰教育、文化与科学部在与荷兰大学协会(Association of Universities in the Netherlands)、专业高等教育机构协会(Association of Hogescholen)协商之后,决定执行《博洛尼亚宣言》的决议,于 2000 年 11 月聘请专家组成研究小组,针对学士、硕士学位制定认证制度,并建立新的评估框架。此研究小组参考国际经验提出成立一独立的荷兰高等教育认证机构的建议。荷兰政府于 2002 年下半年正式推动新的认证机制,并成立了荷兰认证组织(Netherlandse Accreditatie Organisatie,简称 NAO)。这使得荷兰成为欧洲各国中第一个为高等教育所有课程(大学及专业高等教育机构的课程均包括在内)进行全国性认证的国家。

二、荷兰高职教育质量第三方评估的缘起

NAO 是一个独立的单位,其成员通常是高等教育领域的专家,并在质量评估方面有相当的实践经验。NAO 认证主要通过自评及同行访视形式来进行。访视类的外部评估主要由质量机构(Quality Agencies)来实施,认证工作由 NAO 负责。课程通过认证,政府才会对课程提供经费补助,其学位授予也才具有合法地位,认证有效期为六年。课程的性质可由开课机构自行就学术导向与专业导向选择其一。课程认证可分为两类:一类是已经存在的既有课程(Existing Degree Courses),另一类是新设立的课程(New Degree Courses)。认证内容包括课程层级、课程内容、教育过程、教育回报率、设备是否充足、教学评价。NAO 的主要目标在于:

(1)保证教育制度的透明性。

(2)确保质量评估的独立性。

(3)促使国际学位课程得以进行比较。

(4)促使外国课程的提供者得以进入荷兰市场。

(5)继续提升荷兰学位课程质量。

2000 年时,为配合欧盟国际化政策,比利时荷语区政府与荷兰政府开始就是否可为两地高等教育建立一套联合的认证机制进行协商。2001 年荷兰与比利时荷语区部长开始进行试验性的谈判,2003 年 4 月双方达成初步协议,并于当年 9 月由双方部长签订正式协议文件,同意设立荷兰—比利时荷语区认证机构(Nederlands-Vlammse Accreditatieorganisatie,NVAO),并商订其内部行政组织架构及其运作方式。在完成所有的正式法定手续后,2005 年 2 月 1 日 NVAO 正式挂牌运作。自此之后,荷兰的质量保证和认证都以认证制度为基础,并以 NVAO 为此制度的核心。换言之,NVAO 是以认证课程的方式来确保荷兰和比利时荷语区高等教育质量的。

三、以提高质量为荷兰高职教育质量第三方评估机构的使命

在荷兰，NVAO 负责对高等教育进行课程认证,同行组织负责进行外部同行评估工作。NVAO 自成立以来,通过为荷兰及比利时荷语区进行高等教育课程认证,扮演确保高等教育质量与实行认证制度的先驱角色,其使命包括以下几点。

(1)认证高等教育机构所提供的既有课程。

(2)对高等教育机构尚未注册或登记的新课程进行初步认证。

(3)应高等教育机构的请求,通过评估凸显高等教育课程或机构的特点。

(4)强化荷兰及比利时荷语区认证工作的欧洲和国际面向,并促进国际交流。

(5)履行其他由荷兰及比利时荷语区部长委员会所交办或委托的工作。

(6)致力于高等教育发展议题的公开讨论。[1]

同行组织在荷兰通常被称为 Visiterende Beoorde Iendein Stantie,简称 VBIS。VBIS 主要在各校向 NVAO 申请课程认证前,先进行学校机构认证的外部评估工作,只不过 VBIS 必须获得 NVAO 的许可并受其监督,必须每两年接受一次 NVAO 的评估,评估通过者方给予许可,以确保 VBIS 的评估质量。NVAO 每年都会定期与所有的 VBIS 会面,讨论共同关切的议题,如评估报告的撰写框架。也就是说 NVAO 扮演认证者的角色,VBIS 则扮演评估者的角色。大部分同行组织的质量评估方法和评估指标都不尽相同,高校可根据自身需要选择一个或多个 VBIS 进行评估。[2]NVAO 是荷兰认证机制的核心认证机构,其认证以高校自评为基础,然后由 VBIS 进行实地评估。

四、以学生学习为中心的荷兰高职教育质量第三方评估标准

2016 年,荷兰建立了新的高职教育质量评估体系,该评估体系旨在根据《高等教育和科学研究法》的适用法律框架,确认教师和学生对计划的所有权,并减少评估机构的认证行政负担。同时,新的评估体系旨在保证评估项目和评估机构的质量,并使学生、雇主和社会能够看到评估机构的评估质量。此评估体系提供了新的课程评估标准,并在评估流程上也有了新的要求[3],是经政府资助的公、私立大学,评估机构,学生组织,雇主组织和工会等利益相关者共同协商制定出来的。[4]

新的评估体系继续依靠 VBIS,评估也是以适合同行评估的工作方法和态度为基础进行的。独立权威专家小组就质量问题与高校进行公开对话。在高校自我评估报

① NVAO. About NVAO[EB/OL]. http:// www. nvao. net.
② Grosso R. Le Renouveau Villageois Sur la Rive Gauche du Rhône Entre Drôme et Durance[J]. études rurales, 1973, 49(49/50):265-295.
③ 罗三桂. 我国当代高等教育科学研究方法的发展趋势 [J]. 清华大学教育研究,1999(2):38-40.
④ 郭炳,尹洪,刘怀恩. 荷兰职业教育 CBL 体系及对我国的启示 [J]. 职教论坛,2009(24):61-64.

告的基础上,专家组成为高校进行周期性反思以提高教育质量的重要推动者,从愿景、目标到实施,从评估、结果到改进和发展,促使高校注重质量。因为荷兰高校有较强的办学自主权和提升质量的要求,因此其发展愿景必须很好地适应专业领域、教师、学生和社会的期望和要求。

表4-7 荷兰高职教育质量第三方评估的标准

评估标准	内涵
愿景	高校拥有明确的教育愿景和相应的政策。教师和学生要与外部利益相关者共同协商、共同发展
行动	高校为实现新的教育愿景制定响应政策,提供相应支持。同时,高校要求学生和教师共同参与实现愿景的实践,共同促进教育愿景成为现实
评估与反思	高校系统地评估是否达到了预期的教育目标。为此,高校组织学生、教师、校友和专家进行评估,一方面是识别风险,另一方面是对自身进行批判性反思,为外部评估提供充分的建议
发展	在对结果进行反馈和反思的基础上,基于学生和雇主的(变化)情况,采取有针对性的措施,完善或调整政策实施过程,并鼓励所有利益相关者为创新和质量改进建言献策

由表4-7可知,荷兰高职教育质量第三方评估的标准不仅是NVAO也是高校和同行组织的评估标准,这从根本上要求高职院校以学生为中心进行课程设计、创设教学环境、重视学生学习成果、创新考试方式等,进一步提高学校教育质量的同时,也为社会公众提供可靠的教育质量保证。

第五章　高职教育质量第三方评估的流程设计

　　《牛津英汉大词典》将"流程"（process）定义为一个或一系列有规律的行动,这些行动以确定的方式发生或执行一系列连续操作导致特定结果出现。《康熙字典》对"流程"的解释是事物发展和进行中的次序或顺序的布置和安排,或指由两个及以上的业务步骤完成一个完整的业务行为的过程。管理学里,"业务流程是为达到特定的价值目标而由不同的人分别共同完成的一系列活动。活动之间不仅有严格的先后顺序限定,而且活动的内容、方式、责任等也都必须有明确的安排和界定,以使不同活动在不同岗位角色之间进行转手交接成为可能。活动与活动之间在时间和空间上的转移可以有较大的跨度"。流程一般包括六个要素:资源、过程、过程中的相互作用(即结构)、结果、对象和价值。① 高职教育质量第三方评估的流程是指第三方评估机构在对高职教育质量进行评估时所遵循的执行顺序与安排。第三方评估机构作为独立于学校和政府之外的专业评估机构,其评估流程与传统的政府督导评估和院校自我评估有较大差异。因此,以科学的管理理论设计第三方评估机构的评估流程、使评估活动的流程机制化和程序化将有益于提高第三方评估机构的信息反馈能力、运行效率和机构自身的核心竞争力。本章分析了当前我国高职教育质量评估流程机制及局限,同时梳理了英国、澳大利亚等国的高职教育质量评估流程,以现代管理学理论为指导阐述了第三方评估业务流程的构建原理和影响因素,并以第四代评估理论为参照,力图构建一套独立的第三方机构实施高职教育质量评估的流程。

第一节　国际高职教育质量评估的流程审视

　　由于国情和教育体制的差异,不同国家采纳了不同形式的教育评估模式,不同评估模式的评估流程也千差万别。本节通过比较民间中介组织主导型、政府主导型

---

① Hammer M. Re-engineering Work: Don't Automate, Obliterate[J]. Harvard Business Review, 1990, 7(8): 104-112.

和同行主导型三种评估流程的差异,并以英国、澳大利亚两国为案例进行梳理,以期为我国高职教育质量评估流程提供借鉴。英国、澳大利亚高职教育质量评估都采用多种评估模式,并且不同的评估模式有不同的操作流程和学理依据。

一、英国:多元利益相关者参与的高职教育质量评估流程

英国的高职教育外部质量保障机构包括行业技能委员会(Section Skill Council, SSC),资金委员会(Found Association, FA),教育标准办公室(Office for Standard in Education)及高等教育质量保证机构(Quality Assurance Agency of Higher Education, QAA)等。这些机构各司其职,各有分工又相互配合。作为独立的法人机构,SSC 的业务范围覆盖了英国绝大部分的职业和行业,它主要负责开发职业标准,开展职业培训;FA 负责根据学生数量和学校质量等级进行拨款;QAA 负责进行质量评估。高职院校接受质量评估的目的在于获得政府的公共资助。因此,在整个评审过程中,高职院校积极配合 QAA 评审,尤其是质量评审访问(表 5-1)。

质量评审访问分为五个阶段。第一阶段,QAA 与高职院校联系,讨论评审安排。第二阶段,由 QAA 质量专家进行初始评估,以确定用最合适的方法对高职院校进行质量评审访问,可采用面对面或视频会议的形式。当然,在此之前,高职院校的相关人员(协调者和学生代表)要了解视频访问会议的流程和注意事项。协调者和学生对学校的具体情况进行汇报以后,准备并上传与汇报相关的内容。第三阶段,QAA 评审小组对高职院校提供的内容进行分析,并结合英格兰高等教育拨款委员会(HEFCE)和北爱尔兰经济部(DFENI)对高职院校的年度评审数据进行综合分析。第四阶段,对高职院校进行现场考察。现场考察能够使审核小组与作为信息提供者的学生和工作人员以及其他利益相关者进行会面,并仔细审查更多的信息。第五阶段,审核小组与 QAA 质量专家合作,为相关资助机构编制报告。

二、澳大利亚:TAFE 学院的质量评估流程

澳大利亚的 TAFE 英文全称为 Technical and Further Education,即技术与继续教育之意,相当于我国的高等职业技术教育。作为世界上比较成功也比较有特色的职教学院,TAFE 学院承担着澳大利亚职业教育和培训的职责,也是澳大利亚国民终身教育和全民教育的主要提供者。澳大利亚职业教育和培训(Vocational Education Training)评估机构由两部分组成。外部评估机构主要有国家质量委员会(National Quality Committee)、澳大利亚技能质量署(Australia Skills Quality Authority)、州和领地注册 / 课程认证机构、行业技能委员会等。[①] 内部评估机构主要为注册培训机

---

① Australia Qualification Framework. AQF Qualification [EB/OL]. http://www. aqf. edu. au/gradcertdip. htm.

表 5-1 高职院校质量评审访问流程

评审阶段	QAA	高职院校
第一阶段:QAA 联系每个提供商讨论审查安排	现场考察前 10 周	
	写信给高职院校,告知关于质量评审访问的安排	提名相关协调人和首席学生代表
第二阶段:准备和提交	现场考察前 6 周	
	(1)QAA 进行初始评估; (2)安排高职院校进行自我介绍,可以采取面对面或网络视频方式; (3)确认现场访问的时间长度和审查团队的规模及成员	(1)出席介绍会; (2)就任何潜在的利益冲突提供建议
	现场考察前 3 周	
		上传介绍学校的相关支持性证据
第三阶段:对高职院校提供的相关信息进行案头分析	现场考察前 1 周	
	审核小组举行虚拟团队会议; QAA 通知,要求高职院校提供额外的证据	准备现场评审访问
第四阶段:现场考察	现场考察 1 周	
	现场考察	
第五阶段:准备评审结果	现场考察后的第 1 周	
	审查评估结果	
	现场考察后的第 2 周	
	评估报告定稿并发给高职院校	
	现场考察后的第 4 周	
		对评估报告的事实准确性进行评论
	现场考察后的第 5 周	
	将最终的评估报告发送给资金资助机构	

资料来源:Quality Review Visit Handbook for England and Northern Ireland[EB/OL]. http://www. qaa. ac. uk/en/Publications/Documents/Quality-Review-Visit-Handbook-2017. pdf.

构及其评估机构与质量工作小组。国家质量委员会负责职业教育与培训的质量保障，确保澳大利亚质量培训框架（Australia Quality Training Framework）标准应用的一致性。主要职能是负责职业教育质量管理，颁布职业技能标准，制定职业课程开发原则，宏观监控职业教育质量，负责职教机构的设置、注册和办学水平评估等事务。TAFE 学院由联邦政府和各州、属地政府监管。TAFE 学院拥有完善的管理体系、教学体系和证书体系，不仅仅是澳大利亚高职教育重要的组成部分，也是行业技术工人、企业员工的职业培训基地。TAFE 学院的质量保障由政府、行业和企业共同负责，具体包括外部的质量管理和学院自身在课程、教学、师资、学生等内部的质量管理两方面。① 下面以培训包的能力评估过程为案例透视澳大利亚高职教育质量评估流程。其评估流程如图 5-1 所示。

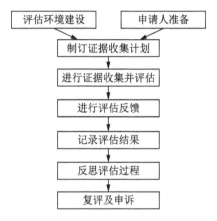

图 5-1 澳大利亚高职教育质量评估流程

（一）评估环境建设和申请人准备

在评估开始前，委托方先根据评估的目标和背景，确认评估内容所在培训包的有关能力单元、评估准则和资格框架。同时，还需识别和鉴定由国家质量委员会开发的、为评估过程准备的评估材料。此外，还要对评估标准进行分析，确定评估所需依据及材料搜集途径。

（二）制订证据收集计划

评估正式开始时，评估者和被评估者要见面并就评估内容进行沟通。双方就评估背景、评估目的、评估过程、评估能力标准和将收集的材料进行沟通，然后评估者着手制定评估程序和问题大纲。在不影响能力单元系统性和完整性的前提下，可对

---

① Australia Qualification Framework. Graduate Certificate and Graduate Diploma ［EB/OL］. http://www. aqf. edu. au/gradcertdip. htm.

评估程序做适当调整。当评估者确定被评估者已经全部了解了能力单元、证据要求和评估过程后,就可步入制订证据收集计划环节。[①] 制订计划和证据收集是评估者为取证进行准备的一个重要环节。该步骤的最终目的是制订证据收集计划,从而帮助评估者做出决定。在这一过程中,需要为证据收集准备相应的材料,并提前协调好相关的工作人员。[②]

(三)进行证据收集并评估

这一环节是整个评估流程的核心步骤,也代表能力评估过程的正式开始。评估的主要内容包括被评估者的工作技能、任务管理技能、应急管理技能、工作环境技能等方面。评估者必须参照有关能力单元的性能标准、范围声明和证据指南收集证据,并对取证过程进行监督,如有特殊需要可以在保持完整性的基础上调整评估程序,遵循有效性、可靠性、公平性和灵活性的评估原则。[③] 参与评估的工作人员在整个评估过程中要进行磋商与合作,并详细记录收集的每一项证据。最后在所收集的证据的基础上做出判断。[④]

(四)进行评估反馈

基本取证的完成为评估工作的开展进行了良好的铺垫。评估结论出来后,评估者要对评估结果进行客观且有针对性和建设性的意见反馈,指出被评估者的不足之处,同时为被评估者提供相应的改进建议。在该环节,被评估者可进行质疑,并有重新获得评估信息或对程序进行申诉的可能。

(五)记录评估结果并反思评估过程

评估者必须按照相关政策和程序记录评估结果。评估结果必须遵照保密约定。根据评估结论,参照相关政策和培训机构的程序为被评估者签发资格证明或能力获得声明。以上环节的结束意味着评估过程基本结束。接下来,评估者将对评估过程进行反思,总结评估过程中的优点和不足。当在评估过程中发现重大问题时,评估者可直接对相关人员提出意见,从而对以后的评估实施整改,对评估程序进行完善。

① AQTF 2007—A Better System for Everyone[EB/OL]. http://www. training. com. au/portal/site/ public /menuitem/2007-11-20.
② 胡波,韩臻,黄伟庆,等 . 适用于云取证的证据数据完整性评估方法 [J]. 华中科技大学学报(自然科学版),2016,44(11):82-86.
③ Yarbrough D B, Shulha L M, et al. The Program Evaluation Standards: A Guide for Evaluators and Evaluation Users(3rd Ed.)[EB/OL]. http://www. eval. org/p/cm/ld/fid=103.
④ 赵聪 . 能力评估模式:澳大利亚职业教育培训包的经验 [J]. 江苏教育,2011(2):61-63.

（六）复评及申诉

必要时，评估者有责任为被评估者提供评估程序和结果方面的指导和反馈，提供复评和申诉的相关咨询。当产生分歧时，评估双方可向注册培训机构报告争议内容，并根据相关政策进行复评或申诉。通常情况下，被评估者若质疑，就需要对相关环节进行复查，并进行复评，直至消除疑虑，双方达成共识。[①]

第二节　我国高职教育质量评估的流程

当前，我国已经实施了多轮次的高职教育质量评估，并取得了一定的成就。一定程度上，我国已经形成了相对稳定的高职教育质量的评估流程。但是有的学者提出，"不可否认的是，这种流程存在着一定的弊端"[②]。

一、"自上而下层层委托"的流程框架

我国最早的高职教育质量评估流程以 2005 年颁布的《教育部关于进一步推进高职高专院校人才培养工作水平评估的若干意见》（简称《意见》）为依据。《意见》明确了在省、自治区、直辖市教育行政部门的直接领导与组织下，在全国范围内全面实施五年一轮的高职高专院校评估，标志着高职教育质量评估工作在我国的全面展开。2008年，通过对首轮试评估方案进行总结和全面反思，在进一步对《意见》进行修改基础上，颁布了《关于印发〈高等职业院校人才培养工作评估方案〉的通知》（简称《通知》）。《通知》成为当前我国高职教育质量评估的指导性文件，对我国高职院校的质量评估流程做了明确规定。

我国高职院校人才培养工作水平评估属于政府督导型，主要以自上而下的方式开展。在我国的同行评估及第三方评估等形式尚未成熟的体制和背景下，教育评估以政府督导评估为主。《中华人民共和国职业教育法》规定："县级以上地方各级人民政府应当加强对本行政区域内职业教育工作的领导、统筹协调和督导评估。" 2005年颁布的《教育部关于进一步推进高职高专院校人才培养工作水平评估的若干意见》也明确规定了省、自治区、直辖市教育行政部门在高职高专评估活动中的领导与组织地位，通过"骨干校""示范校"的评选对高职高专的人事任免、经费划拨、招生指标等施加全方位的影响，学术机构、中介组织和行业／企业等社会力量参与高职高专评估的范围和力度有限。

---

① 赵聪．能力评估模式：澳大利亚职业教育培训包的经验 [J]．江苏教育，2011（2）：61-63.

② 张耀嵩．高职教育质量评价与保障体系的完善 [J]．职业技术教育，2012，33（7）：58-61.

二、"自评和现场评估"相结合的流程形式

我国高职教育质量评估由教育部宏观调控,各级政府层层委托,遵循统一程序。专家组首先审核学校提交的自评报告,并通过访问"高等职业院校人才培养工作状态数据采集平台"提取信息,对照报告并到学校实地走访。主要流程如图 5-2 所示。

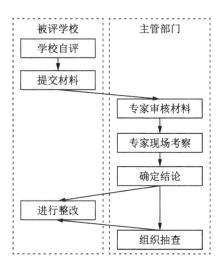

图 5-2 我国当前的高职教育质量评估流程

第一,学校自评,并向省级教育行政部门提交自评报告及相关材料。省级教育行政部门组织专家组对被评学校上报的文件材料进行审核。

第二,省级教育行政部门组织专家组到学校进行现场考察评估。专家组形成考察评估反馈意见并向省级评估委员会提交评估工作报告和评估建议。

第三,省级评估委员会审议专家组的评估报告和建议,向省级教育行政部门提供结论、建议,省级教育行政部门审定后,向社会公布评估结论。

第四,学校根据公布的评估结论和专家组的考察评估意见制定并实施整改方案。

第五,教育部组织专家组不定期地对省级评估结论进行抽查,并公布抽查结果。同时,教育部适时组织开展示范性高职院校的评估工作,达到标准者由教育部正式确定为示范性高职院校。

三、我国高职教育质量评估流程的局限

自上而下由政府主导的评估模式虽然对高职院校的人才培养工作和职业教育的发展起到了一定的规范和推动作用,但随着市场经济的发展,长期以来形成的政策路径依赖在一定程度上阻碍了现代高职教育质量评估的改革和创新,传统的高职教育质量评估流程的局限具体体现在以下几方面。

（一）委托—代理关系引发信息不对称

美国经济学家格里高利·曼昆说："如果委托人不能完全监督代理人的行为，代理人就倾向于不会像委托人期望的那样努力，委托代理问题因此产生。"在市场经济背景下，委托人和代理人都寻求各自效益的最大化，但二者效益最大化的动机常常使二者的行为方式产生冲突。委托—代理关系在某种程度上干扰了委托人实现自己的目标。我国高职教育领域的委托—代理形式是政府和各高职院校之间存在委托—代理关系，政府是委托人，校长为代表的高职院校领导班子是代理人，政府委托校长管理学校。此外，在高职院校内部，学校和各二级院系、职能部门之间，政府评估办公室和评估专家之间也存在某种层面的委托—代理关系。层层的委托关系延长了我国高职院校的管理链，从教育部颁布评估政令，到管理链最末端的学生，要经历多层委托—代理环节。随着我国现代高校治理体制改革不断推向纵深，高等教育的大众化和普及化使信息不对称所引发的教育领域的委托—代理问题更加彰显。如果缺乏相应的约束和监督机制，则有权力寻租和机会主义滋生的可能。

（二）评估流程导致高昂的交易成本

正如前文所述，我国高职院校的规模较为庞大。而随着社会分工的发展，专业分工也呈现越来越精细化的趋势，高职院校的专业门类日益繁多。根据《普通高等学校高等职业教育（专科）专业目录（2015 年）》，我国高职教育的专业门类有 99 个，专业总数有 747 个之多。从教育行政部门到地方政府，再从学校到各院系最后到学生，构成了一个复杂、庞大的管理系统。该系统不仅庞大而且涉及面较广，关联各级政府管理部门之间的利益博弈，因此要精准获取各高职院校的办学信息，流程冗长，耗时耗力且成本高昂。

管理学家康芒斯将交易分为三种类型：买卖的交易，即平等人之间的交换关系；管理的交易，即上下级之间的交换关系；限额的交易，即政府对个人的关系。在市场交易活动的不同阶段有不同的费用支出，如用于搜索信息的费用、用于谈判的费用和用于执行契约的费用。这些费用的存在事实上代表着交易信息不充分而导致资源浪费或者不必要的损失。交易费用越低，交易越容易进行；交易费用越高，越会使交易无从发生。诺斯定理认为"若交易费用为零，无论权利如何界定，都可以通过市场交易达到资源的最佳配置"。从新制度经济学的视角审视，在我国高职教育的评估系统内，全套评估流程可以视为一种管理交易，即上下级之间的一种交易，从教育部成立评估委员会、制订评估方案到派专家组进驻学校评估，直至结果出炉后向社会公布，每个环节都会产生高昂的制度交易成本。反观第三方评估模式，因为第三方评估机构独立于政府和学校之外，与政府和学校并无直接隶属关系，第三方评估机构直接对接学校提取评估信息，节省了众多复杂的交易流程和中间交易环节，因此从上下级信息对称和交易成本的角度分析第三方评估可以降低交易成本，提高评估效率。

第三节　高职教育质量第三方评估的流程构建

总结和反思我国高职教育质量评估,可以发现当前评估流程存在诸多客观缺陷和问题。因此,在上述对第三方评估流程的国际经验借鉴及理论反思的基础上,本书力图构建一套独立的第三方评估业务流程。该流程以第四代评估理论为指导方针,以解释学辩证循环为原则,以自然主义调查为方法论,从应然表征、操作步骤、具体工作和相关方法等方面进行构建。解释学辩证法是伽达默尔在参与创立新解释学的同时建立的一种与之相适应的辩证分析法,解释是因为其在性质上是解释的,辩证是因为其体现的是各种歧义观点的比较与对比,是黑格尔哲学意义上的高度综合。① 第四代评估理论正是以解释学辩证循环原则及自然主义调查方法论作为基础的辩证法。② 无论是政府委托还是学校委托,一旦委托生效,先识别利益相关者,然后建立解释学循环的连接性构建并检查其可行性;通过访谈、观察、搜集信息形成循环。总体说来,解释学辩证循环的流程是首先识别利益相关者,并使他们提出各自的主张(Claim)、焦虑(Concern)和争议(Issue),简称 CC&I;③ 然后由对立的群体对 CC&I 进行辩论,这一阶段可能解决部分 CC&I;对于没有解决的 CC&I 进行辩论,如此反复循环,直至把未解决的 CC&I 最小化从而达成一定共识。

一、第三方评估流程构建的应然价值表征

在管理学中,流程是以产出产品和服务为目标的一系列连贯、有序的企业活动的组合。管理学中业务流程的构建要素包括活动、活动的逻辑关系、活动的实现方式和活动的承担者。管理流程四要素中,管理活动可通过具体管理事项进行细分,本身变化空间较小;管理活动的逻辑关系很大程度上取决于具体的管理业务内容以及企业整体组织架构,关乎管理流程开展及具体形式。如果把第三方机构与企业作类比,则第三方机构的评估流程就等同于企业在生产经营过程中的业务流程。④ 通常情况下,第三方机构的评估流程包括明确评估对象的目的和要求、签署评估协议、制订评估方案、搜集信息资料、核实和验证信息资料、现场勘察和验证、选择评估技术方法、沟通协商、撰写评估报告、结论反馈等。流程设计就是根据机构需求确定和调整达成目标的流程,它是机构管理业务流程的基本前提和重要阶段。科学的流程设计能有

① 王才勇.略论伽达默尔的解释学美学 [J].社会科学家,1991(6):31-37.
② 何卫平.简评伽达默尔的解释学辩证法 [J].哲学动态,1997(9):38-41.
③ Hansen M. Lawyers Spar Over Implant Litigation:Claim Concern for Clients, Not Fees, at Issue in Fight Over Class Action Status[J]. Aba Journal, 1992, 78(6):16.
④ 葛星,黄鹏.流程管理理论设计工具实践 [M].北京:清华大学出版社,2008:18.

效提高第三方评估机构的业务运行能力和信息反馈能力,促使第三方评估机构更高效地为学校和政府提供服务。

(一)整体系统性

在现实生活中,系统随处可见,无论是在偶然发生的自然事件和社会事件中,还是在形态和规模各有差异的组织机构内。虽然第三方评估机构在所有制形式、规模、行业背景、发展战略等方面与企业有差异,但在人力资源、组织文化、组织构架及组织管理方面却存在一定的相似性,因此企业的管理思维与业务流程对第三方评估机构的评估流程有一定的借鉴意义。在评估活动中,第三方评估机构的评估业务流程相互影响、衔接并渗透至机构各管理事务中,同时与其他流程、部门有机互动,在业务运行中实现管理功能。[①]要实现评估业务流程体系的系统性,总的设计宗旨是不仅要实现业务流程与各部门和业务细节的良性互动,还要通过科学设计实现机构内人与事的兼容性组合,使第三方评估机构内的个体和群体行为受到业务流程的规制。

(二)横向协调性

协调性,即生产、管理和运营过程中各阶段、各环节在品种、数量、进度和投入产出等方面都协调配合,紧密衔接。第三方评估机构在运行过程中通常具有自我调适和修正的功能,恰如分布式计算机的软件操作系统,评估业务流程体系是顺应评估机构整体战略导向的,因此,需要通过协调和控制使第三方评估机构发挥功效。在上述过程中,评估机构下属的人才系统、业务系统乃至所有子系统间也应形成相互支持、竞合、协同的反馈整体。因此,评估业务流程设计须体现机构自身的横向协调性。[②]

(三)纵向时效性

业务流程体系中各种关系错综复杂,对于单个流程而言,应在明确行进走向基础上将各种管理活动以串行方式连接在一起。管理流程的过程性特征植根于管理业务在时空维度中的串行原则,而串行原则有人类自身的生理学和心理学根源,企业某一管理职能部门是各管理流程从不同方向经过,进行相应管理业务处理的集成处。[③]

---

① 张宏亮,赵学昌. 我国职业教育质量第三方评价研究综述 [J]. 中国职业技术教育,2016(15):72-76.
② 凌峰,刘建一,毛磊. 企业管理流程设计目标与理念及构建要素探索 [J]. 统计与决策,2014,(18):180-182.
③ 凌峰,刘建一,毛磊. 企业管理流程设计目标与理念及构建要素探索 [J]. 统计与决策,2014(18):180-182.

（四）可控性和可核性

评估业务流程设计不仅要为第三方评估机构的各项评估事务提供实施方案,还要承担对人们在业务流程中的具体表现与绩效进行监控与考核的职能。业务流程在评估机构的战略导向下科学设定了业务管理中的重要步骤和环节,将评估机构中的个体行为规范化,使评估机构中的职能部门遵循权责体系动态行进,以实现各种细化的业务流程管理功能,促进组织机体的协调运行与发展。业务流程的监控与考核目的在于运用反馈机制进行自我纠偏与调试,及时反馈流程管理中的资源、信息流动是否与既定方案相符,确保评估流程目标的达成。

总之,评估流程构建主要是为了理清上下游的组织、任务、资源等关系。上下游关系指某一管理流程中各环节管理活动在时间序列上的衔接关系。组织关系体现了管理流程诸环节在企业组织结构层级中的分布状况;管控关系依托于组织关系,体现了组织中上层对其下层管理人员从事管理活动的把握与掌控;任务关系主要指管理流程运行中平级之间基于工作任务导向的承接关系。上下游与组织关系是管理流程中的主要关系,管控与任务关系是活动间关系的具体细化。总体说来,业务部门的合理配置、人力资源的优化组合、技术平台的科学构建、绩效管理的全面实施是第三方评估机构业务流程构建的总体要求。

二、第三方评估的步骤

高职教育质量第三方评估流程具体分为以下几个步骤(图5-3)。需要说明的是,尽管这些步骤是按次序排列的,但并不是每个步骤都是线性排列并必须严格承接上一步的。具体分析如下。

图 5-3　我国高职教育质量第三方评估的步骤

首先,一切形式的评估都是受组织委托的,这些组织通常被称为委托人。评估协议的内容应该首先界定评估的主体、客体,明确评估的委托人和评估对象,无论是高职院校、政府还是基金会,都应理清评估的主体和客体及双方的责、权、利,并特别交代当双方对评估结论有争议时的争端解决机制。其次,无论是生成性评估还是绩效性评估,评估协议也应该陈述评估的目的。第四代评估以利益相关者的主张、焦虑、争议作为评估的焦点,因此在协议中应该理清并识别所有的利益相关者。需要说明的是,基于解释学辩证循环的评估过程可能不断有新的利益相关者出现和加入。再次,由于评估的主体、客体双方可能有背景及价值观的差异,对所选用的评估方法应该在合同中加以说明。同时,评估过程中通常要用到大量的文献、实验结果以及统计数据等资料,因此协议中应该清楚规定哪些资料可以用、如何提供这些资料、可以用于什么方面、如何保密以及如果不能得到相关资料则采取什么措施等。当然这些规定需要符合国家的利益要求,以不违反国家的法律法规为前提。此外,委托人有权利知道评估执行主体(即专家)的构成,包括他们的学历、经验、接受培训的情况,以及所选样本和工具的效度和信度等情况。最后,对于评估者和委托人双方而言,预算必不可少。预算包括时间预算和经费预算。另外,协议也要说明评估的过程及如何实施、存在的问题和困难等。

评估实施过程要遵循科学性原则、客观性原则和可操作性原则。只有如此,才能保证评估结果的真实性与科学性。评估应以客观公正的态度进行,排除个人主观因素的干扰,客观公正地开展评估工作。在分析信息、形成评估结果时,不能有双重甚至多种标准,更不能随意更改或篡改已经形成的评估结果。

三、以解释学辩证循环为方法论的第三方评估流程

每个评估阶段都有具体的工作规划,并按照一定的流程开展。

(一)评估团队的组建和培训

高职院校的质量评估涉及大量信息采集和数据分析等繁杂事务,因此评估团队的组建和选择成为评估的前提,团队成员背景的差异也为评估提供了价值多样的选择,并使多元评估策略运用成为可能,从而使评估中出现的一些问题、焦虑、争议得到妥善处理。专家储备和团队组建是第三方评估机构的核心竞争力,因此,组建背景多元的团队,并对团队成员进行针对性的培训是评估顺利进行的前提。

(二)与评估对象界定利益相关者

第四代评估理论认为,尽管与评估对象签订了委托协议,但是每个评估组织都有一个或更多正式或非正式的下属。正式的下属有权威而非正式的下属可能有影响力。他们将或明或暗地影响评估活动。以高职院校为例,当对高职院校的综合质量进行评估时,少不了要和学校下属的二级学院行政管理人员、教师、学生沟通。当每个下属都需要进行单独谈判而且当利益相关者不断出现(如学生家长、毕业生的用工单位等以自己的方式影响着高职院校教育质量评估活动)时,与利益相关者的谈判有可能无休无止地循环,因此与评估对象的反复沟通显得十分有必要。

根据第四代评估理论,评估过程中的利益相关者是指在评估中有利益关系的个人或团体。利益相关者通常分为代理人、受益人和评估受害者三大类,每一大类下又可分为若干小类。

一是代理人,包括所有生产、使用和执行评估信息的人,如评估开发人,出资人(包括地方、地区和国家三个层面),推断评估会改变现状的地方评估人员,决定利用和发展地方性评估的决策者,设备、供给物的提供者,评估委托人,参与评估的所有人。

二是受益人,包括所有受益于评估的人。直接受益人,即"目标群体",评估为他们而设计;间接受益人,他们受直接受益人正面影响;因评估工作而受益的人,如评估资料出版人等。

三是评估受害人,包括所有受到评估消极影响的人,例如,在评估活动中被系统性排斥的群体,如被"天才"方案而排斥的"常态"儿童;评估活动对其产生负面影响的人群;评估所造成的政治影响,会伤害到的一些人;为了评估活动而承担"机会成本"的人。

(三)指标体系的构建和指标权重的分配

任何形式的评估都有一定的目的性。评估指标体系就是评估目的的具体化和可执行化,是进行评估工作的基本依据,也是评估方案的核心内容。[1]评估指标的科学化程度将直接影响评估的信度和效度,最终影响评估的质量。通常情况下,指标是由目标逐级分解得到的,所以指标体系是由一个具有分级的模块结构的指标集合,或者是具有树形结构的指标集合。每个指标集都是由若干子集组成的,每一个子集又由更小的子集(或子子集)组成,直至最后不能再分解的一集,称为末级指标。评估目标通常称为零级指标,往下逐级分为一级指标、二级指标……直至末级指标。

指标权重又叫权数,是用于表示各项指标重要程度和作用大小的数字指标。由于各项指标的重要程度是不一样的,各项指标的权重也因此有差异。例如,考核高职院校的教学可以分为教学条件、师资队伍、工学结合及教学质量保障体系四个一级指标,它们的权重分别为 0.1、0.25、0.45、0.2。指标权重通常用 a 表示。a 一般大于 0 而小于 1,同级的权重之和总等于 1。用公式表示为 $0<a<1$。

(四)评估信息收集和方法选择

对高职教育信息资料的收集整理是评估工作的基础。信息数据的真实性及全面性对高职教育质量评估工作的客观性、公正性有重要影响。评估信息的搜集通常有以下几种方式。

访谈收集:访谈是研究者寻访受访者并与其进行交谈和询问的一种活动方式,是教育研究中一种重要的研究资料收集方法,是访谈者直接向受访者提问让其回答的资料收集方式,可分为封闭访谈、开放访谈和半开放访谈等形式。[2]

样本抽样与问卷调查:抽样是运用某种特定方式对研究对象进行选择的过程,是一种实现"由部分认识总体"的方式,主要解决调查对象的选取问题。抽样有随机抽样和非随机抽样。随机抽样又称概率抽样,是指严格按照随机原则抽取样本,要求

---

① 程书肖. 教育评价方法技术 [M]. 北京:北京师范大学出版社,2007:17.

② 朱德全,李姗泽. 教育研究方法 [M]. 重庆:西南师范大学出版社,2011:110.

总体中每个单位都有被抽取的同等机会。由随机抽样抽取的样本称为随机样本,这类样本具有较高的代表性。非随机抽样即不是严格按照随机原则抽取样本,而是根据调查者的主观经验和主观判断选择样本。与随机抽样相比,虽然非随机抽样的代表性差,提供的资料信息较零散,难以从样本调查的结论中对总体做出准确的推断,但是,由于它非常简便易行,并能通过对样本的调查而大致了解总体的某些情况,因此对调查研究工作很有启发性。非随机抽样适用于调查对象的总体难以具体界定的调查以及不需要准确推断总体情况的调查。

观察法:观察法是按照一定的目的、要求及观察提纲,直接观察和记录处于自然状态下的调查对象的调查方法。观察法又分为自然观察法、选择观察法和实验观察法。自然观察法是在对调查对象不作控制和干预的自然条件下进行观察从而获得信息的方法。选择观察法是指在某一特定时间和场合下对调查对象进行有选择的观察。选择观察法的特点主要表现在对时间和地点的选择上。

文献法:文献的深度和广度对评估工作有重要的影响,因此文献法也是教育评估的一种基本方法。文献法是根据一定的目的和要求,按照一定的原则和程序查阅有关文献而获取信息资料的方法。

(五) 协商谈判

第四代评估理论认为,单一的评估者的价值取向是有争议的,尤其是在兼容并蓄的多元价值社会里,他们的评估结果并非唯一确定的。因此,代表全体利益相关者的谈判会议是一个能考虑和展示各方价值的有效机制。在这个机制里,根据利益相关群体的顺序仔细界定每个主张、焦虑和争议。如有争议,需列出所有支持方或反对方的资料。解释并非为了反驳对方而证明自己有理,而是为了重新建构。谈判小组通常遵从评估的原则。从参与意义上理解,代表们必须充分理解他们的职责。从形式和过程来看,谈判本身就是解释学辩证的过程。所有结论都是谈判小组商议的结果。当对所有未解决的主张、焦虑和争议问题都达成共识之后,谈判基本结束。

(六) 信息资料的分析处理并形成报告

教育质量评估报告的撰写要坚持客观性、导向性、公正性、针对性和发展性。客观性是指评估报告的撰写要有理有据,证据确凿充分,分析深刻细致。导向性是指评估必须坚持正确导向,紧紧围绕"以评促建、以评促管、以评促改、评建结合、重在建设",对照评估指标要求,分析学校取得的成绩和存在的不足并提出改进建议。公正性是指评估报告必须公平公正,不受客观环境干扰,实事求是地对学校教育质量做出客观评价。针对性是指评估报告须针对学校的实际,直面问题,而非泛泛而谈,千校一面。发展性是指评估报告一方面须对学校的发展趋势做出评价,另一方面要诊断问题,让学校明白"为什么是这样"和"应该怎样",为学校的发展提出有价值的、可操作的建议。此外,评估报告须发挥督学与督政、诊断与改进的双重职能,对学校发展提出支持性建议。

(七)再循环形成利益相关者连接性构建

第四代评估以解释学辩证循环为方法,其最大特点是提出的问题多于解决的问题,并始终有无法解决的主张、焦虑和争议问题。当新的信息出现时,复杂性加大。因此第四代评估永远不会停止。某种程度上,这种无限循环的评估理念和当前的监测和控制评估有异曲同工之处。第四代评估采用了解释学辩证循环的原则及自然主义调查方法论作为基础的辩证法。解释学辩证循环的特点在于评估由第三方评估机构与高职院校循环协商,第三方评估机构和被评估院校是平等的关系,循环协商机制既保证了评估过程的民主性又规避了层层的行政委托和权力干扰。通过建立利益相关者参与的解释学辩证循环,形成了利益相关者群体的连接性构建。每一次进行循环的目的是发现尽可能多的不同的争议。

(八)评估反馈

作为控制论的一个基本范畴,反馈是指把系统输出的信息传回输入端,从而对系统功能产生影响。反馈通过提供过程和结果的信息促进系统发生变化。在教育评估过程中,评估结果的反馈是教育评估的一个重要环节。没有反馈,评估过程也毫无意义。正如美国学者斯塔弗尔比姆所言,"评价最主要的目的不是证明,而是改进;不是甄别,而是发展"[1]。评估结果反馈给学校,方能达到通过评估找出问题、提升学校办学水平的目的。[2]第四代评估理论认为,由于不同的人对评估结论的理解有差异,因此,评估者和评估对象要及时沟通,以使评估主体、客体间形成良性互动。教育评估反馈发挥有效性的重点在于构建科学、系统、有效的评估反馈机制。评估反馈主要包括反馈目的、反馈内容等。评估反馈的目的就是要把评估结果呈现给学校,评估目的不同,反馈目的也随之改变。一定程度上,评估反馈的目的是评估反馈工作的核心。评估反馈内容要准确和全面。评估反馈内容是否客观、系统,是否科学合理,一般受评估资料的可靠性和代表性、资料分析的科学性、参与评估人员的素质和专业性、评估专家意见的公正性等方面因素的制约。在评估时,对评估资料的去粗取精和

---

[1] Stufflebeam D L. The International Handbook of Education[M]. Boston: Kluwer Academic Publishers, 2003. Guba 的 观 点 是 "The purpose of evaluation is not to prove, but to improve"。Stufflebeam 对 Guba 的观点进行补充完善,提出 "The most important purpose of evaluation is not prove, but to improve"。本文将 Stufflebeam 的这一观点称为"改进评价观",后文谈到此观点,将不再详细注释。

[2] 张云霞. 我国首轮本科教学工作水平评估反馈的有效性研究 [D]. 福州:福建师范大学,2010:18-20.

去伪存真尤为重要。随着信息技术的发展,教育测量技术、教育统计技术等信息资料分析技术日益多样化。选择科学、合理的信息统计和分析技术是确保评估反馈客观、公正的前提。

此外,在教育评估过程中,参评人员的素质和专业性格外重要。参评人员既包括校方,也包括评估者。评估团队的素质和专业性是评估反馈精准、系统的前提。此外,教育评估过程中涉及利益问题,这对评估主体的道德水准提出了一定要求。评估者不能受外界因素干扰,应客观、公正地进行价值判断。

评估反馈是把评估结论及时准确地传达给评估对象的重要步骤和手段,是对高职院校评估过程进行规范和完善的重要环节。科学有效的评估反馈具有目的预设明确、指标合理、策略多样、结果可信等特点。首先,评估反馈目的需明确,"管理学之父"法约尔曾做过绩效反馈影响工人工作效率的实验。实验表明,绩效反馈对工人的工作能力和表现有重要影响。同样,评估反馈对高职院校的发展、管理有重要作用。第三方评估机构站在旁边者的立场上为学校指出问题、指明发展方向,因此反馈之前应该明确评估反馈的目的是什么、学校要实现什么样的愿景、要达到什么样的目的,这也是第三方评估反馈的内生价值和逻辑起点。其次,评估反馈内容要客观。如果说反馈目的是解决为什么评估的问题,那么反馈内容则反映的是存在什么问题、如何改进。反馈内容客观是评估有效反映高职院校存在的教学问题和管理问题的重要前提。再次,评估反馈策略可多样。通常情况下,反馈方式是多样化的,采用什么样的反馈方式更有利于评估对象接受反馈意见,并使评估对象做出相应改进有一定的技巧。

评估反馈通常包括正式反馈和非正式反馈两种。在具体运用过程中,通常以正式反馈为主,以非正式反馈为辅。正式反馈以召开会议和文字反馈等形式进行。评估组在驻校考察之后,召开评估反馈大会,同时交换书面反馈报告。这种反馈形式的优势在于有利于参评院校重视反馈意见,以更有效地推动评估后的整改。局限性是缺少面对面的沟通和交流,因为专家意见也并非绝对正确。非正式反馈主要是利用座谈会的形式进行结论反馈。这种形式使评估主体、客体双方面对面交流,共同商讨评估过程中的分歧和解决问题的策略。非正式反馈可以有效弥补正式反馈的不足,因为通过双方商讨形成的综合意见更理性、更系统,可以更有效地促进参评院校整改。

(九)评估反馈的效果考察

通常情况下,评估反馈的效果主要通过考查眼前效应和长远效应进行衡量。眼前效应就是在教育评估反馈进行过程中和评估反馈结束后短期内对评估对象所发挥的作用。事实上,评价反馈最主要的效果是促进学校相关工作的改进,尤其是教学改进和学生学习改进。因此,评估反馈结束,学校领导对学校的发展目标有了更清晰的认识,教职员工对学校有了更强烈的荣誉感和归属感,各部门之间更加注重合作,等等。长远效应是评估反馈结束后较长时间才展现的效应,也是评估反馈效果的重要组成部分。评估反馈效果不仅仅可以衡量评估反馈是否有效,还可作为衡量评估成功与否的一个维度。

第六章 高职教育质量第三方评估案例分析

个案研究指在特定的人、群体或活动中，以观察、访谈和搜集文件资料等方式进行，借由诠释与描述将情境完整地呈现，因此是具有脉络性的历程，以探寻所要寻找的问题。① 个案研究适合处理"怎么样"和"为什么"等解释性问题，这些问题需要按时间顺序追溯相互关联的各种事件，并找出它们之间的关联。② 本书分别以政府主导型第三方评估机构、半官方型第三方评估机构和民营型第三方评估机构为研究对象，对民营型机构麦可思进行的全国高职教育质量评估、政府主导型机构××市教育评估院实施的区域高职教育质量第三方评估实践活动、半官方型机构××教育评估事务实施的高职教育质量第三方评估实践活动进行个案研究，旨在对其评估活动进行全貌描述，深入了解不同评估机构的评估理念、评估主体、评估流程以及评估成效，进而为高职教育质量第三方评估的改善和发展奠定基础。

第一节　宏观层面的高职教育质量第三方评估

公开信息显示，麦可思教育评估院（简称"麦可思"）2006 年发起于成都，2009 年在北京成立公司，2015 年 10 月在新三板挂牌。麦可思公司作为专业的第三方教育数据咨询和评估机构，专门致力于教育质量监测与评价和就业能力测量与评估。麦可思公司与政府有较多的合作业务，公司每年的高校质量年度报告和就业排行榜等监测信息为政府的政策制定与决策提供了借鉴。与上海教育评估院等公立评估机构不同的是，麦可思作为独立于政府之外的自负盈亏的企业，在经费来源、人才招募、业务拓展、专家遴选等方面完全遵循市场规律运作。麦可思接受高职院校教育质量评估、专业认证等个体项目的有偿服务工作。其开展的高职教育质量评估活动主要是接受政府或者高职院校的委托，签订评估协议之后遵照一定的评估标准和流程

① 卢晖临，李雪. 如何走出个案：从个案研究到扩展个案研究 [J]. 中国社会科学，2007（1）：118-130.

② 潘苏东，白芸. 作为"质的研究"方法之一的个案研究法的发展 [J]. 全球教育展望，2002，31（8）：62-64.

开展评估活动,最后将评估结论反馈给政府或学校,并以一定的方式公开评估结论。麦可思的评估理念、评估主体和评估流程体现了第三方评估机构开展评估活动的一般特征,具体如下。

一、兼顾优劣评判和问题诊改的评估理念

麦可思的评估内容和评估形式比较多样,有些评估内容和评估项目是与其他评估机构合作进行和完成的。麦可思比较有代表性和影响力的评估项目,如《高等职业教育质量年度报告》以及《中国大学生就业报告》(即就业蓝皮书)等,在一定程度上具有公益属性。此外,麦可思也单独接受高校或政府的委托,就某个教育项目单独开展评估,而这样的委托服务一般是有偿的。

麦可思的高职教育质量评估理念上兼顾优劣评判和问题诊改。例如,就优劣评判而言,在每年的《中国大学生就业报告》中的表现最为突出。其主要通过毕业生的就业数量、就业质量、就业流向、能力与知识的满足程度等指标评估高职教育质量。在《2012中国高等职业教育人才培养质量年度报告》中,麦可思从学生成长成才、学校办学实力、政策发展环境、国际影响力和服务贡献力五方面,对高等职业教育质量的优劣进行客观评价;2015年报告在依法治教的大背景下,对31个省级教育行政部门、1210所高职院校报送的年报进行了"合规性"评价,通过公布排名反映各校的报告质量。为对麦可思的评估事务进行深入了解,笔者对麦可思的相关负责人进行了访谈。当其被问及高职教育质量评估目的时说道:

> 事实上,你所提的问题是一个评估目的的问题。理论上讲,教育评估目的都是为了提升和诊改,通过评估发现长处,找出不足。但事实上,对高职教育还是采取优劣排名,尤其是对于一些评比性质的评估,譬如,示范校和骨干校的评审,国家示范性高等职业院校建设计划是为了提升高职院校的办学水平。一旦评上示范校,意味着有大笔的资金和优惠的政策支持,能否入围对于学校的重要性是不言而喻的,因此学校自然也非常在乎排名情况。

当然,麦可思也在质量评估过程中对诊改理念有所考量。例如,其在2013年报告中推出"记分卡"这一量化工具,选取就业率、月收入等五项指标反映高职教育人才培养质量,作为每年报告中的"就业仪表盘",引导高职院校将学生放在首要位置;2014年报告新增"资源表"的定量分析,明确指出高职教育在经费投入、区域差异、"双师"队伍等方面存在短板,在办学规模、层次定位、独立空间上面临巨大挑战,并提出相应的解决对策;在2016年报告中,新增"政策落实表",以进一步落实高等职业教育创新发展行动计划。[①] 此外,麦可思对高职教育质量的评估秉承"以评促建、

---

① 上海市教育科学研究院,麦可思研究院.2016中国高等职业教育质量年度报告[R].北京:高等教育出版社,2016:85-87.

以评促改、以评促管、评建结合、重在建设"的国家方针,充分体现评估不是目的,是为了改进和发展,使问题在评估过程中得到暴露,从而进行有针对性的整改的原则。同时,通过评估进一步加强国家对高职院校人才培养工作的宏观管理与指导,促进学校主管部门重视和支持人才培养工作,推动学校自觉地按照教育规律明确办学指导思想、坚持教育创新、深化教学改革、改善办学条件、加强教学基本建设、强化教学管理、全面提高教育质量和办学效益。

二、采取多元治理考量的第三方评估主体

在多元治理模式下,多元治理权力是基础,是各高职院校治理行为的前提;多元治理主体是核心,任何高职院校治理行为必须由治理主体产生;多元治理资源是桥梁,任何治理主体都离不开治理资源,否则再好的治理技术都显得乏力;多元治理手段是途径,各治理主体在运用治理权力、治理资源以及实施治理时,都必须运用科学、高效、合理、合法和程序化的治理手段,才能在治理过程中事半功倍,促进高职院校的发展。① 从麦克思创业团队的构成看,公司核心管理层大致呈现以下特点。

首先,从创业团队的人员构成来看,整合了各个领域的人力资源。他们大都有博士学位,大部分有国外学习、工作和生活的经历,有国际化视野,这为他们后来从事教育评估及质量监测的专业活动奠定了基础。例如,麦可思创始人和总裁王伯庆博士是东北大学材料与冶金学院的毕业生,后留学美国,获经济学博士学位。

麦可思的评估人员具备教育学、管理学等相关系统科学的专业理论知识。对所评估的对象——高职院校及其所设专业比较熟悉和了解,能够在评估活动中选择科学、合理的显性指标和方案进行信息采集和结果分析,并做出综合评估。

其次,麦可思创业团队人员并非高职教育利益相关者,也没有编制的限制,某种程度上拓宽了人员参与的范围,确保了价值多元。教育评估只由政府出面来组织是不够的,政府精力有限,不可能直接主管细节工作。如果是高校之间互相评价,又涉及信任问题——没有高校愿意把本校机密数据透露给竞争对手。再者,教育评估通常最多一年一次,高校如果专门配备评估团队,会导致人力资源浪费。麦可思作为独立于政府与学校之外的第三方机构,是独立的法人实体,它的运行不受政府部门或特定社会团体或个人的制约,也不受高校的干扰。麦可思在对高职院校进行质量评估时能恪守中间立场,不受相关任何一方的控制,也不偏袒任何一方的利益。此外,麦可思具有独立的经费来源和独立的专家团队,能够独立开展评估活动并具有管理上的自治权。独立性使得麦可思对所做的评估结论负直接责任。

---

① 肖勇,龚晓,伍晓雪."多元"对"一元"的否定:村庄"多元"治理模式及其构建 [J]. 社会科学研究,2009(3):93-98.

三、动态化的评估流程

监测评估是以数据反馈的形式，重点强调评估的持续性、系统性及直观性，更关注监测的常态和过程[①]，以更好地发挥评估对高职教育质量保障的连续监测、预测预警与及时改进等功能。动态监测评估具有其他评估方式不具备的持续性、即时性、系统性及反馈性等特征。麦可思对高职教育质量的评估工作主要是借鉴国外的高职教育质量评估经验，分为签订委托协议、分析申报材料、专家驻校访谈、形成评估结论和撰写报告五个主要步骤。需要说明的是，从接受委托、签订协议开始，学校与评估机构之间的关系就是平等的，而非传统行政评估模式下的居高临下的关系。麦可思的整个评估流程看似是线性的，但值得肯定的是，评估过程具有动态性。其动态性主要表现在评估报告的反馈和评估指标构建的动态性上。

就评估反馈而言，麦可思以正式反馈为主，以非正式反馈为辅。正式反馈通常以召开会议、书面报告等形式进行。在得出评估结论之后，麦可思开始和参评院校商定结论反馈事宜。一般先召集学校负责人、各职能部门负责人及利益相关者代表召开会议，同时呈现书面反馈报告。非正式反馈主要是以座谈会的形式进行，如召集一些参加评估的院校领导进行座谈，集中讨论评估中出现的问题，同时更注重探讨解决问题的方法和策略。将正式与非正式反馈相结合，有利于参评院校重视评估专家给出的反馈意见，从而参照反馈意见推进整改工作。局限是参评院校缺乏良好的探讨和交流环境，把专家意见绝对化不利于问题的整改，也不利于高职院校的良性发展。非正式反馈的形式相对比较随意，评估各方各抒己见，关注不同的诉求和争议，可以有效弥补正式反馈的不足。同时，得到大家认同的政策，更容易在实践中执行，可以更直接地转化为学校的整改行为。

就评估指标的构建而言，其由麦可思的专家组设计，并参考了在该领域具有影响力的评估机构的评估指标。正如麦可思某负责人所说：

> 评估指标如同公司的核心产品，一般是由麦可思的专家组自己设计的。当然，在自己开发和设计指标时，会借鉴其他公司的指标。设计指标一般因评估项目不同而有所差异，但无论项目有何差异，科学性、适用性、合理性和系统性都是设计过程中的主要考量因素。在借鉴其他公司的指标时，我们首要考量的是设计者包括所属机构在该领域的影响力。

总而言之，麦可思的动态评估反馈和动态评估指标设计，增加了评估的科学性与合理性，使其评估结果广受社会的关注和认可。

---

① 王战军，乔伟峰，李江波．数据密集型评估：高等教育监测评估的内涵、方法与展望 [J]．教育研究，2015（6）：29-37；肖红缨，乔伟峰，王战军．高等教育监测评估的哲学审视 [J]．中国高教研究，2015（2）：38-41；李芬，王战军．基于大数据的研究生教育监测评估研究 [J]．学位与研究生教育，2016（7）：15-19.

四、麦可思评估实践反思

（一）麦可思的教育质量评估成效

无论是麦可思每年的高职院校教育质量报告、大学生就业报告，还是对某高校的质量评估，都在有效引入社会监督，促进高校自觉回应社会关切，承担社会责任，合理体现各利益相关方意志，在营造政府、学校和社会三方良性互动机制方面发挥了十分关键的作用。例如，高职院校教育质量报告不仅有利于强化高职院校的责任意识和质量意识，也给政府提供了客观参考，使得高职院校和政府部门愿意购买麦可思的评估服务。当某高职院校的教务处处长被问及对第三方评估有何看法时，他说：

这几年，国家也已经意识到传统的行政评估给学校带来一些困扰，因此由国家统一发起和组织的评估活动已经越来越少。第三方评估作为最近几年才兴起的一种评估模式，由于国家政策支持，业务主管部门也认可，是一种未来发展的趋势和主流。

就我而言，每年来找我谈评估和学校发展规划的公司和机构还是挺多的。我感觉麦可思的确有实力、有视野、有想法，不仅能评估我们学校的教育质量、发现存在的问题，还能有针对性地提出建议。

当教育行政部门被问及对第三方机构参与高职教育质量评估的看法时，笔者得到以下答复：

从我们省的情况看，由于受编制限制，我们成职教处的行政人员人手不够，根本没有人手和精力做这些评估事务。况且，评估过程中需要有专业人员对评估指标、评估理论和评估方法技术有全面和系统的把握，因此我们还是很支持让第三方机构来具体实施评估事务的。此外，现在省里也规范了政府购买服务的手续和流程，这些事务一般都要通过招投标的形式购买，让我们省了不少心啊。

（二）麦可思高职教育质量评估的优势

麦可思的评估优势在于，以专业的评估能力提供客观公正的评估结果。专业能力是麦可思赢得社会公信力的基础。高职教育质量评估的学科性质和活动特点决定了麦可思必须具有较强的专业能力和技术手段。首先，其评估人员应该具备教育学、管理学、相关系统科学和统计学知识。麦可思的评估人员这样说：

我们作为专业的数据公司，最有代表性的项目是全国就业白皮书和高职质量年度报告，这两个项目都需要大量详实的数据支持，因此坚持用数据说话，客观公正是我们的理念。

我们是专门致力于教育数据的公司，在评估过程中，数据和材料是我们做评估的基础，因此我们采取了很多种方法获取评估院校的数据和材料。首先，我们会要求学校提供自评报告，自评报告是获取评估院校数据和材料的基础。此外，我们也会入驻被评估院校访谈调查，直接与学生、一线教师和行政人员访谈获取一手材料。评估过程中，我们会根据评估项目进行调整，通常是统计分析和质性分析相结合。例如，涉及生均建筑面积、图书册数、硕士以上学历人员等可量化的项目，我们用统计分析法。如果涉及办学理念、学校定位等不可量化项目，我们采取质性分析法。

（三）麦可思高职教育质量评估的困境

麦可思高职教育质量评估的困境主要表现在两方面：一方面，法律保障缺失，导致话语权微弱。任何组织如果没有明确的法律地位，其发展空间必然受到限制，其权威性与合法性将受到质疑。当前，我国有关第三方机构参与教育评估的相关法律法规主要有《关于教育体制改革的决定》《普通高等学校教育评估暂行规定》《中华人民共和国教育法》《中华人民共和国高等教育法》《国家中长期教育改革和发展规划纲要（2010—2020年）》《关于深入推进教育管办评分离促进政府职能转变的若干意见》等。尽管上述法律法规对第三方机构参与教育评估活动有相应的要求，但相关表述基本属于倡导性和原则性的，没有具体的执行标准和依据。麦可思相关负责人说道：

> 我认为当前我们的尴尬在于身份模糊，地位不高，没有法律保障，与公立机构没有形成竞争局面。只有当我们的工作真正有法律保障、有制度依据、有社会民众广泛参与进来时，才有足够的发展空间。

在多元治理模式下，多元治理权力是基础，是各高职院校治理行为的前提。倘若麦可思的评估权力没有获得国家相关法律法规的实质性保障，该评估机构将仍在高职教育质量评估过程中步履维艰。

另一方面，作为民营性质的第三方评估机构，狭隘的关系网络成为制约麦克思评估实践的重要瓶颈。正如麦可思相关负责人所说：

> 人才、技术和资金是评估机构生存和发展的根本，三者之间是相互拉动的。没有资金作保障，请不到专业人才。有了资金，可以聘请高端的专业人才，技术自然也会提升。对于我们民营机构而言，承接业务的数量始终是影响我们发展的根本因素。因此，原则上我们坚持独立公正的立场，但为了机构的可持续发展，有时候也不得不照顾客户（即委托方）的感受，同时也要和教育行政部门搞好关系。

也就是说，对于麦可思而言，由于自身的民营性质，要想获得更多的评估业务，就需要和高职院校和政府搞好关系，而这在一定程度上对其评估结果的客观公正带来一定的干扰，因为他们一方面要凭借自己的专业评估能力，靠事实说话，另一方面也不得不在评估过程中顾及高职院校和政府的利益诉求。

第二节 中观层面的高职教育质量第三方评估

发展现代职业教育，形成具有中国特色和世界水平的现代职业教育体系，是未来相当长一段时期内我国职业教育改革发展的方向。教育评估作为国家教育治理机制的重要组成部分，对职业教育改革与发展至关重要，是实现职业教育内涵式发展及可持续发展的重要途径。

加强职业教育的区域化建设，实施区域职业教育督导评估，能够不断提升区域职业教育水平，加快建设具有中国特色的现代职业教育体系。为此，2012年，国务院颁发了《教育督导条例》，把教育评估监测纳入了教育督导的范畴，明确了新时期教育督导的督政、督学、评估监测三位一体的督导体系及三大职能。2014年，《国务院关于加快发展现代职业教育的决定》颁布，对职业教育督导评估做出了明确的规定。该决定指出，强化督导评估，教育督导部门要完善督导评估办法，加强对政府及有关部门履行发展职业教育职责的督导。教育评估院作为政府的代理人，对各区域的高职教育质量进行第三方评估，对各区域高职教育质量进行等级划分，提出质量改进措施，以期为政府调整资源配置提供参考依据的同时提高各区域的高职教育质量。××市教育评估院的评估理念、评估主体和评估流程体现了官方性质的第三方评估机构开展教育评估活动的一般特征，特分析如下。

一、以优劣评判为主导的评估理念

斯塔弗尔比姆以内涵的真实性将评估划分为三类：具有政治目的的"假评估"；以问题／方法导向的"准评估"；以改进／绩效为导向，强调评估方案价值与优点的"真评估"。[①]至于社会公众参与的评估，有时会陷入"假评估"的争议。通常"假评估"涉及政治利益，对搜集的资料和评估的结果采取不公开的方式；"准评估"以解决问题为目的，对于受评者的需求高度重视；以改善／绩效为导向的评估则是一种真正的评估，其目的在于对评估对象进行价值判断。就省市级评估院来讲，由于是省市编办批准设立、省市级教育委员会的直属事业单位，具有独立法人资格，因此，省市级评估院是政府主导的评估机构，具有较强的政治目的性，高度关注政治利益，同时也以改善／绩效为目的进行高职教育质量评估，对高职教育质量进行价值判断。总而言之，省市级评估院实施的是一种政治控制性研究与绩效责任研究兼具的评估活动。笔者询问××市教育评估院的负责人："您所在的评估院对高职院校进行评估的目标是什么？"他回答：

[①] Stufflebeam D L. Foundational Models for 21st Century Program Evaluation[M]. Dordrecht：Springer, 2000：33-83.

我们提出评估的目标是促进高职院校持续健康地办学、提升教育品质、发展高职院校特色及追求卓越。为此,我们的评估目标可细化,一是了解高职院校办学绩效,以提供教育决策;二是了解及促进高职院校的自我改进机制,以提升教育品质;三是了解高职院校在教育政策方面的执行情况,检视高职院校的教育目标达成情况。现实中,尽管我们很想做到以上三点,但由于我们自身对高职院校的办学、教学等方面不是很熟悉,因此通常是到学校查看学校的硬件设备,随机观摩课堂,与学校领导、教师代表和学生代表进行访谈,由此得出评估结论。其中,主要还是对学校的教育质量进行优劣评判,分为优秀、合格、不合格三个等次。评估得分在 90 分以上(含 90 分)为优秀;评估得分在 70 分以上(含 70 分)90 分以下为合格;评估得分在 70 分以下为不合格。

接受过省市级教育评估院评估的某高职院校的教务处处长就评估结果谈了自己的感受。

说实话,我们学校每次都不期待评估院就我们的办学质量提出什么有用的建议,他们所提的建议要么不切实际,要么大而空。在我看来,其实我们相比其他高职院校做得好,但我们在办学上确实存在的问题他们并没有发现。当然,我们也不希望他们发现,因为发现的问题越多,质量评估的等级就越低,政府给我们投入的经费也会缩水。所以面对评估院以结果为导向的评估,我们也只能顺从。

有学者认为,外部评估人员因评估的主要目的不同,在评估过程中所扮演的角色也不同。评估人员的角色大致分为五种:调整的咨询者、评估的促进者、原因的提供者、方案的建构者、评估对象的诊断者。当然也有学者提出,省市级教育评估院的评估人员更多的是作为顾问和客人进行督导,但不免也有评估人员以上级长官的身份进行督导评估。从访谈材料中可以看出,该教育评估院的评估人员虽扮演着原因的提供者、调整的咨询者和评估对象的诊断者的角色,但由于他们是政策制定者或管理者(政府)之代理者,因此对区域高职教育质量更多的是结果导向的评估,更看重区域内高职教育质量的优与劣。虽然他们会在评估报告中给出改进措施,但由于改进措施千篇一律,没有针对性,很难为区域高职院校所用。

二、以政府为主导的第三方评估主体

笔者所采访的 ×× 市教育评估院是与高职院校自我评估相对立的外部评估主体,是以政府为主导的第三方评估主体。主要特征如下。

首先,×× 市教育评估院坚持贯彻国家颁布的有关高等职业院校的评估办法等政策文件。例如 ×× 市教育评估院为贯彻落实国务院教育督导委员会办公室 2016 年印发的《高等职业院校适应社会需求能力评估暂行办法》精神,为推动高等职业院校坚持"以立德树人为根本,以服务发展为宗旨,以促进就业为导向",深化办学机制和教育教学改革,全面提高高等职业院校适应社会需求的能力和水平,坚持统一标准、统一程序、客观公正和注重实效等评估原则,对按国家规定设置标准和审批程序批准成立,并在教育行政部门备案的实施高等职业教育的学校,包括独立设置的职业(技术)学院和高等专科学校实施教育质量评估,以此全面了解高职院校办学情况,引导高职院校充分发挥办学主体作用,加强内涵建设,促进产教融合、校企合作,激发办学活力,提高高职院校人才培养能力,更好地服务地方经济社会发展,适应行业发展需要。

其次,在组织领导方面,该评估院由该市人民政府统一领导,成立高等职业教育先进区县督导评估领导小组,负责督导评估工作的统筹领导,领导小组下设办公室负责日常工作,办公室设在市政府教育督导室。评估人员包括对职业教育有所了解的官员、专业学者。该评估院最主要的功能是对学校的办学质量进行评判,了解学校办学的优势和不足,提出相应的改进措施。由于该评估院是代表政府进行评估,因此评估报告有可能受到学校内外部因素的干扰,但是由于是政府主导,因此评估结果的公信力仍受到学校和社会的高度认可。

再次,××市教育评估院的评估结果主要供教育部和主管教育行政机构使用。教育部将该评估结果作为制定相关政策的参考,作为未来规划与调整该区域高职、综合高等学校供需的参考,作为年度职业教育奖辅助款的参考等。就主管教育行政机构而言,该评估结果作为助推相关政策的参考;作为未来规划和调整区域高职和普通高等学校供需的参考;作为增减教育预算的依据;作为受评院校主管机构及主要负责人政绩考核的重要内容,是选拔任用、培养教育、奖励惩戒、责任追究的重要依据。对评估结果为优秀的高职院校给予表彰奖励;对评估结果为不合格的院校给予通报批评,限期整改,对其主要负责人进行诚勉谈话,并适时组织复查。对问题突出的,按组织程序和干部管理权限追究其主要负责人的责任。

三、静态化的评估流程

高职教育质量评估活动应是一个动态过程。评估小组的实地评估并非意味着评估结束,而应包括自我评估—访视评估—追踪评估三个阶段。

第一阶段:自我评估。自我评估是由区域内各高职院校全体教职员工、学生、家长等,对学校的教育教学工作进行检查与分析,借此发现学校的不足并加以改进,这是学校自评的核心工作。自我评估的方式包括观察学校的相关活动,检查相关档案资料,了解学校场地与设备的使用情况,分析学生的学业成绩以及对学生和家长进行问卷调查和深度访谈。据此发现学校办学的优缺点,及时进行改进,完成自我评估工作。

第二阶段:访视评估。访视评估主要由教育评估院组织评估小组对各高职院校的性质与规模大小进行实地评估。××市教育评估院的评估目的是确定受评学校预定目标的达成程度,并结合受评学校提供的自评报告,提出受评学校的优、缺点和改进建议。评估小组不仅要观察师生的上课情形、与受评学校有关人员做广泛与深入的访谈、实地调查场地和设备,还要对评估结果进行广泛讨论以达成共识,力求评估结论公平、客观、真实可靠。

第三阶段:追踪评估。受评学校必须依据自我评估报告与评估小组所提出的改善建议,拟订整改计划,确定整改方案。受评学校在执行整改方案的同时,要不断自我评估实施成效,以确保整改目标能顺利达成。××市教育评估院还需在一段时间后,对受评学校的整改成效进行访视评估,以实现受评学校的持续改善。

笔者在对××市教育评估院的相关负责人进行访谈后发现,该评估院的评估流程主要包括以下三个环节。首先是区县级自查自评。各县级人民政府依照《××市高等职业教育先进区县督导评估实施方案》及《××市高等职业教育先进区县督导评估指标体系》在督导评估前进行自查自评,并将自评结果上报市人民政府教育督导室。其次是市级督导评估。根据区县级自查自评材料,市人民政府教育督导室、市教委根据《××市高等职业教育先进区县督导评估指标体系》,组织专家组对各区县高职院校开展督导评估并进行综合认定,形成综合评估报告,报市高等职业教育督导评估领导小组。最后是公示。市人民政府教育督导室、市教委审核督导评估结果后,将督导评估结果上报市人民政府同时向社会公布督导检查公报,责令评估结果为"整改"的区县限期整改并对其整改情况进行跟踪。该评估院虽然要求各区域提供自评报告,也对各区域高职院校进行实地评估,但是评估实践活动呈现静态有余、动态不足的特征。主要表现在以下两个方面。

一方面,××市教育评估院组织的评估实践主要包括自评和访视评估两个环节,忽略了追踪评估。首先是区县自查自评。各县级人民政府依照《××市高等职业教育先进区县督导评估实施方案》及《××市高等职业教育先进区县督导评估指标体系》在督导评估前进行自查自评,并将自评结果上报市人民政府教育督导室。其次是市级督导评估。根据区县级自查自评材料,市人民政府教育督导室、市教委根据《××市高等职业教育先进区县督导评估指标体系》,组织专家组对各区县高职院校开展督导评估并进行综合认定,形成综合评估报告,报市高等职业教育督导评估领导小组。最后一个环节是市人民政府教育督导室、市教委审核督导评估结果后,将督导评估结果上报市人民政府同时向社会公布督导检查公报。整个评估环节几乎没有追踪环节,这就使得评估报告中所提到的改进建议是否被各区高职院校采纳和实施、实施的成效如何,不得而知。

另一方面,评估标准固着化,评估结果的客观性不够。评估结果是否客观的关键在于评估标准是否全面、科学。由于各高职院校的办学水平、办学条件、办学历史不一,如果仅用同一个评估标准去衡量会有失公允,也不能真正反映区域高职教育的整体水平。某区教育督导室的负责人这样说道:

我们每次看到上级政府颁布的高职教育评估实施方案和评估指标体系都很无奈。无奈的原因在于，我们区本身高职院校就比较少，而且为数不多的那两所高职院校都是近几年才办起来的，我们区的高职院校在声誉、生源、校企合作等方面都不如其他区的高职院校，很多评估指标体系的设定对我们区的高职教育质量评估实属不利。在我看来，评估指标体系的建立不仅要注重横向评估，更要注重纵向评估，这样才能使评估结果更加客观。

四、××市教育评估院评估实践反思

近年来，××市教育评估院力求推行半官方高等教育学术评估中介机构模式，对政府"依靠"不"依赖"，恪守"客观取信、中立求存"的理念，遵循着"合法、平等、合作、利益兼顾和维护稳定"的原则。其评估严格按照《高等职业院校适应社会需求能力评估暂行办法》执行，评估结果对政府有关高职院校的政策制定有一定的参考意义，且因其强有力的公信力，在社会公众中的认可度较高。但××市教育评估院的评估实践，既有第三方评估的优势，也存在不足。

就优势而言，因为是政府主导，所以各高职院校的配合度较高。××市高职院校的教务处处长说：

作为学校的教务处处长，我全程参与了学校的水平评估，可以站在学校的立场上谈谈我对高职院校评估的几点体会。我们学校是东部地区发展比较不错的一所公立高职院校，目前在校生有20000多人，专业以财经类为主，生源也不差。2017年，我们学校参加了教育部组织的高职院校培养水平评估。在接到相关通知以后，我们学校在内部先进行了自我评估，从人、财、物等方面做足了准备。从评估办成立那天开始，正常的教学秩序完全被打乱，全校上下为了迎接评估，全员备战。

就劣势而言，主要表现在两个方面：一方面，正因为是政府主导的评估，各高职院校非常关注评估结果的优劣，相对忽视评估中的问题和解决对策。××市高职院校的教务处处长说：

说实话，我们并不期待评估院能给我们提供多么有建设性的办学建议。评估院所给出的督导评估结果分为优秀、合格、不合格三个等次。评估得分在90分以上（含90分）者为优秀；评估得分在70分以上（含70分）90分以下者为合格；评估得分在70分以下者为不合格。凡有下列情况之一者，督导评估结果为不合格。① 公办中等职业教育经费未依法足额纳入财政预算，或未归口教育行政部门统一管理的；② 中等职业学校教师队伍未依法归口教育行政部门统一管理的；③ 公办职业学校教师工资未按国家和市定项目及标准全额纳入财政预算，或不能按时足额发放的；④ 政府及有关部门截留、平调、克扣、挪用职业学校学杂费及职业教育专项经费，或违规向职业学校乱摊派、乱收费、乱罚款的；⑤ 学校发生重大安全责任事故,政府及其有关部门负有管理责任的。所以,我们为了避免在评估过程中踩到"雷区",在为评估院提供各种评估材料之前,都会自己斟酌又斟酌。

高职院校将××市教育评估院视为政府的代理人,认为其是评判他们教育质量优劣的裁判员。××市教育评估院在一定程度上掌握着高职院校的"生杀大权",所以,各高职院校重视评估院给出的等级评判,但并不关注其评估结果对学校办学质量提高有多大作用。

另一方面,该教育评估院人员成分单一,评估结果的科学性不够。就该教育评估院高职教育质量评估小组成员而言,只有评估院的工作人员和临时从高校聘请的从事职业技术教育学研究的教授或副教授。这可能会产生以下两种结果。

其一,企业没有被纳入高职教育质量评估主体,评估结果的真实性有限。事实上,高职教育既具有教育性功能,又具有职业性功能,因此,评估高职教育质量,不仅需要评估院中的专业人员和高校教师,还需要与职业和行业紧密相关的企业参与评估工作。高职教育质量如何,作为用人单位的企业是最具发言权的。原因在于:对于企业而言,长期与高职院校深度合作,对高职院校的办学模式、人才培养模式以及高职教育中存在的问题有系统的了解。虽然评估院的工作人员有丰富的评估经验,但大多数评估人员并没有从事过高职教育教学工作,对高职办学了解得不透彻。高校研究职业技术教育学的教师,虽然有专业的理论知识,然而,由于没有从事高职教育教学工作,对问题的透析并不精准,提出的建议虽在逻辑上很合理,但实践意义有限。因此,把企业纳入高职教育质量评估主体,有利于评估结果的真实性、客观性。

其二,评估小组成员的能力有限,评估结果难保客观。评估人员应具备三种评估能力:其一是对评估的目标、对象、规则与程序均有充分的了解的能力;其二是具备如搜集资料、分析及应用资料、撰写评估报告等执行评估方案的能力与技巧;其三是有良好的人际关系与沟通技巧,特别是能与评估对象或相关当事人进行良好沟通的能力等。××市教育评估院相关负责人这样说道:

一个高职教育质量评估人员应具备基本的经验,包括专业经验与评估该有的知识和技能。评估人员通过培训与监测获得评估资格。然而,目前我国还没有统一的高职教育质量评估的认证标准和认证框架,所以我们的外部评估人员大多是临时聘请的,这就使得评估人员的评估能力参差不齐。虽然有共同的评估指标,但每个评估人员内心的评估标准是不一致的。

该教育评估院的另一个负责人这样说道:

评估人员对评估的概念和相关的评估技巧很清楚。其实在我个人参与过的评估里面,很多评估人员就真的只是去打分数而已,对于高职院校办学究竟存在哪些问题、该如何去改进说得特别笼统。这也在一定程度可以看出,部分评估人员对高职环境并不十分了解,尤其是高校教师以普通高校的标准和立场来看高职,使评估过于主观。

由于在高职教育质量评估过程中,从评估目标的拟订,评估方案的制定、执行,到评估结果的回馈等都需要评估人员的参与,因此,评估人员除应具有专业领域的知识与能力外,更需要具备统整、沟通、分析、设计的能力。

第三节　微观层面的高职教育质量第三方评估

××教育评估事务所(简称"事务所"),是经省教育厅批准,工商局注册认定的半官方性质的高等教育学术评估中介机构。其具有专业教育评估资质,专职从事高等教育评估及中介咨询服务,享有独立企业法人地位,也是我国首批建立的中介性高等教育评估机构之一。其官网显示,事务所从 2004 年至 2010 年完成了全省 31 所高职院校的人才培养评估工作。在评估过程中坚持以学术成果和专业工作质量为主,切实提高了评估工作的社会认可度。同时,以教育部评估方案为主线,逐步完善了省级评估制度、实施细则及操作方法,构建了高职教育区域外部质量保障体系。2010 年,事务所在院校综合评估的基础上,开始探索高校教育教学质量的项目评估,对 9 所高校重点实验室和高校工程(技术)研究中心开展形成性评估,完成了 22 个重点实验室、11 个工程研究中心的项目质量保障与评估,初步建立了一套教育项目管理与质量保障方法体系。2011 年,事务所以教育部有关新建本科院校评估和独立学院管理制度为依据,研制了全省独立学院教育教学质量保障方案,尝试建立民办高校"共性与个性"相结合的教育教学质量保障体系。事务所的评估理念、评估主体和评估流程体现了半官方型第三方评估机构的一般特征。分析如下。

一、以诊改为目标的评估理念

目前世界上的评估理念大致有五种,即形成决定较强的评估、形成决定较弱的评估、相对评估、描述评估、建构评估。对于形成决定较强的评估,也就是斯塔弗尔比姆等人提出的 CIPP 模式 [①](情境→输入→过程→结果),强调评估如同做大规模的检视以达成结论,这样的结论必须有助于做决定,强调的是评估对象是否达到预设的目标,这些目标是否满足需求等。形成决定较弱的评估,强调评估的结论是一种潜在性的,评估只提供决策的相关资料,但不提出简要描述式的评估结论。正如阿尔金所认为的,评估是一种事实资料的收集,以服务决策者,以决策者来决定所有的评估

---

① Stufflebeam D L, Shinkfield A J. Systematic Evaluation[M]. Boston: Kluwer-Nijhoff, 1985: 45-86.

性结论,并避免评估者自下结论。相对评估,强调以评估对象的价值作为框架,但是避免评估者对这些价值做任何评判,也无须参考其他的价值,整个评估活动没有评估性结论,也很少有人以评估性结论来彰显自己是评估者。描述评估把评估视为一种人种志[①],因此,评估报告只呈现评估者所看到的,而不做评估性的陈述或推论形成评估性的结论。建构评估,尤以古巴和林肯为代表,同时也受到一些英美评估学者的支持,反对将评估作为寻找品质、优点、价值等的工具,所有的事实应该是每个人构建的,同时也是团体共同协商的结果。

综合以上评估理念分析××教育评估事务所的评估理念发现,该事务所认为评估结论必须有助于决策,服务对象是决策者,而非其他利益相关者,评估的重点是对高职院校的办学计划、方案、表现、学科、政策、成果等找出优点与价值。当然,由于该事务所是半官方的评估机构,其评估结果既要服务于政府,又要服务于受评的高职院校,因此,评估以为消费者、决策者服务为目标。如××教育评估事务所的负责人这样说道:

我们事务所,是经省教育厅批准、工商局注册认定的半官方性质的高等教育学术评估中介机构,具有专业教育评估资质,专职从事高等教育评估及中介咨询服务,享有独立企业法人地位,也是我国首批建立的中介性高等教育评估机构之一。我们事务所虽然是经省教育厅批准,但相比省教育评估院而言,我们的评估业务要少得多。因此,我们为了提高自己的评估声誉,不仅要将评估结论作为政府决策者的决策依据,也要作为高职院校决策者的决策依据。因此,我们的评估不仅只是对学校优、缺点的评估,更是能够让政府根据高职院校办学情况了解学校发展所需。当然还要考虑高职院校的发展现状和发展条件,提出有针对性的改进建议,并对高职院校的改进实施情况进行常态化指导。

可见,该事务所作为半官方性质的第三方高等教育评估机构,为了能让评估结果既服务于政府,又满足于高职院校,不是对高职院校的办学情况进行简单的对与错、好与坏的评判,而是从高职院校的近期发展、长远发展的视角对高职院校办学质量进行评估,不仅为政府的决策提供了参考,也在一定意义上为高职院校的发展指明了方向。

二、采取多元治理考量的第三方评估主体

评估不是纯诊断、找缺点、给压力,也不是单纯地帮助受评高职院校改善与进步。事实上,几乎所有的受评高职院校都担心评估结果,会极力掩盖缺点,形成评估

---

① Stake B. How Far Dare an Evaluator Go toward Saving the World？ [J]. American Journal of Evaluation, 2004, 25（1）: 103-107.

机构与受评高职院校之间的表面和谐、实质紧张的关系。××教育评估事务所试图将评估形塑为一种专业对话的过程,让评估人员与受评高职院校形成一种专业协作的伙伴关系,使受评高职院校真心关切自我改善与办学特色的彰显,而不是关切评估结果的"通过"与"不通过"。为了能与受评高职院校建立合作伙伴关系,××教育评估事务所尝试以多主体评估的方式对高职院校进行客观且全面的评估。

其一,在评估指标的构建上,整合受评高职院校的意见,完善评估指标构建。评估指标主要分为两类:共同指标和特色指标。共同指标紧扣全校发展目标与各专业系所发展目标,是一种基础评估。××教育评估事务所首先对受评高职院校进行整体了解,之后提出评估指标,并就评估指标的具体类目和意义与受评高校的教务处进行商讨,再根据教务处的意见进行修正,最后经由教务处确定双方认可的评估指标。特色指标是为了凸显受评高职院校的办学特色,仍然是由××评估事务所对高职院校的专业教育、通识教育进行全景式了解之后提出评估指标并将各指标类目和意义传达给各专业系所,再整合各专业系所的意见进行修正,最后经由各专业系所确认,制定出双方认可的评估指标。正如××教育评估事务所的负责人所说:

我们的评估指标制定并非统一的,毕竟每一所高职院校的办学历史、办学条件和办学特色各异,有些评估指标并非对每一所学校都具有解释意义,所以我们运用精湛的专业技能先提出评估指标,再与受评高职院校进行商讨,结合对方的意见进行修订,最后得到对方都认可的最终的评估指标。例如,对某高职院校的专业教育的评估指标包括学生学习、教师发展、学生校园活动参与、校友能量展现、系所治理、社会连接等。

其二,在评估过程中,实施多主体参与。正如××教育评估事务所的负责人所说:

我们评估事务所,在对高职院校评估过程中有一个不可忽视的环节,就是采取问卷调查和深度访谈的方式,多途径、多方面了解高职院校的办学品质。首先是向高职院校的领导、教师、学生(在籍学生和非在籍学生)、家长、社区成员等发放问卷,然后要针对各调查对象的问卷填写情况,进一步对其进行随机抽样访谈,以尽可能保证调查的真实可靠。

其三,评估实践中采取多元评估手段。以往政府对高职院校实施的一元评估模式中治理权力、治理主体和治理资源是一元的,而如今的高职院校多元评估要求评估手段也必须是多元的。高职院校的多元评估手段包括行政手段、经济手段和民主协商手段等。以往政府主导的一元评估具有权威至上性和排他性,其运用结果体现为命令性。而××教育评估事务所是半官方的第三方评估机构,因此与民办的第三方评估机构不同,其评估结果能够在一定程度上得到政府的肯定,为政府政策的制定提供一定的参考。××教育评估事务所恰好运用这一优势,以第三方身份通过一定的行政手段参与高职院校评估。

××教育评估事务所作为半官方的第三方评估机构,不能完全依靠政府的资金支持而生存和发展,因此他们采取一定手段,通过提高自身的评估能力和评估声誉,以市场竞争的方式积极投入高职院校第三方评估事务中。此外,××教育评估事务所采取民主协商手段,与受评高职院校协商确定评估指标,与高职院校建立合作伙伴关系,形成良性互动,确保评估结果的真实性和合理性。

三、动态化评估流程

评估对高职院校来说不只是健康检查,更是一种挑战。评估必须从学校的教育理念出发,衍生出教育目标、学生图像、学校文化、专业设置、课程特色与学习经验。因此,在整个评估过程中,无论是受评高职院校的自我评估,还是由××教育评估事务所组织的外部评估,都必须围绕四个核心问题展开评估:① 在教、训、辅等各方面的基本运作是否达到国家对高职教育的要求? ② 在培养学生方面,是否有适切的教学;校友是否能发挥所长,对社会产生重大影响力? ③ 办学是否有特色? ④ 是否清楚地理解目前的挑战与问题并提出具体的解决措施? ××教育评估事务所围绕以上四个核心问题对高职院校教育质量展开评估,整个评估流程呈现出动态有余的评估态势,主要表现在两个方面。

(1)采取循环式评估流程。整个评估流程包括四个环节。首先,受评高职院校实施自我评估。在受评高职院校进行自我评估之前,需要完成以下准备工作:第一,制度设计,包括制定评估办法、评估作业要点、追踪学生学习成效、评估试办方案以及评估实施计划等。第二,组织建构。大致分为两级,第一级是各教学单位的工作小组审议会议;第二级是校级评估审议,主要由学院院长及主管部门组成。第三,评估指标构建。主要由学校教务处在××教育评估事务所的指导下制定出对学校有解释意义的评估指标。完成以上评估工作后,学校就各系所的课程结构、学生学习成效进行评估,最后由各教学单位撰写自评报告,并上交两层级评估组织审议。其次,××教育评估事务组织外部评估。该事务所实施的评估结果虽分成特优、优、通过、不通过四个等级,但更重要的是具体的评估意见与建议。除此之外,该事务所将评估报告发送给受评高职院校,要求受评高职院校在规定时间内针对评估报告内容通过跨系所交叉审核回复评估意见,该事务所根据受评高职院校的评估意见再与受评高职院校相关负责人进行协商,要求高职院校提供提出意见的理由,由该事务所完成最终的评估报告。最后,该事务所进行评估后续追踪。高职院校承诺改善的项目列入学校发展计划或特色发展计划,并在一定时间内向××教育评估事务所提交改善报告。该事务所组织评估小组,与受评高职院校建立专业伙伴关系,追踪后续改善情形,以五年为一周期进行评估。

（2）采用动态化的评估指标。如前文所述,事务所建构的评估指标不是对任何高职院校适用,由于各高职院校的办学历史、办学条件、办学特色各异,因此,采取同一个评价指标对高职院校进行评估是不专业、不负责的表现,对受评高职院校而言,最终的评估结果的解释力度也不够。为此,该事务所针对不同高职院校的发展情况制定适切的评估指标,并且评估在一定意义上是由事务所和受评高职院校共同完成的。当然,由于在评估过程中会遇到一些不可控因素,例如,对某些评估指标不是所有的采访对象都能理解,这时评估小组成员就需要调整评估类目的表述,尽可能让采访对象对评估类目的理解一致,保证评估的真实性和可靠性。正如××教育评估事务所的负责人所说:

> 我们在实施评估过程中,采访对象在填写问卷或接受采访过程中会对某些问题产生歧义,这时我们要及时纠正评估指标中的具体表述,保证大家对评估内容的理解一致,尽可能保证评估结果真实有效。

四、××教育评估事务所评估实践反思

由于××教育评估事务所以诊改为评估理念、采取多元治理考量的第三方评估主体、实施动态化的评估流程,其评估结果不仅为受评高职院校的发展指明了方向,也为政府政策的制定提供了一定参考。此外,作为西部地区的高等教育评估机构,××教育评估事务所一直坚守"虽小而求精致,虽远而求精彩"的信念,力求探索符合中国国情、适合西部高等教育现状、服务边疆地区高校的评估机构模式。该事务所在省内的评估声誉较高,不仅得到了政府的肯定,也受到省内高职院校的青睐。当然,反观该事务所的评估实践,既有优势,也存在不足。

就优势而言,该事务所因为是半官方性质的第三方评估机构,在政策和资源上都得到了政府和高校的支持,正如该事务所负责人所说:

> 我们事务所当年挂牌成立时得到了政府的高度重视,一位省教育厅副厅长来揭牌。如今事务所已经组成了一支由八人组成的高学历的研究队伍,其中六人有副高以上职称,八人全是博士。主要依托××大学的人才资源和××大学在省内的良好声誉开展高校评估和教育咨询服务。

并且,该事务所由于评估实力较强,成为政府购买高职教育质量评估服务的对象,这不仅增加了事务所的业务,也给予了事务所专业水平上的肯定。

> 从我们省的情况看,由于受编制限制,我们的行政人员不够,根本没有人手和精力做这些评估事务,况且,评估过程中需要有专业人员对评估指标、评估理论和评估方法技术有全面和系统的把握,因此我们还是很支持让第三方机构来具体实施评估事务的。此外,现在省里也规范了政府购买服务的手续和流程,这

些事务一般都要通过招投标的形式购买,给我们省了不少心啊。

就劣势而言,该事务所还未形成属于自己的核心评估团队,这在一定程度上不利于事务所的长远发展。

我们事务所作为半官方机构,办公场至今地设置在××大学里,人员全部是××大学高等教育研究院教师兼职的。对大学依赖的优势是人才和学术,但是社会力量(譬如企业、行业等)参与不足。其实我们也很想招募一些行业企业的顶尖人才加入我们的团队,但由于目前团队规模较小,不被人看好,也就使得我们的发展空间仅限于本省本区域,没有向外拓展的空间。

第七章 高职教育质量第三方评估的保障机制

《韩非子·诡使》曰:"夫立法令者,以废私也。法令行而私道废矣。"一切美好的制度设计若没有相应的机制保障将无异于空中楼阁。无论是借鉴发达国家和国际组织的第三方评估模式,还是借鉴先进的科学理论来设计第三方评估的主体、理念、流程,建立科学、规范、高效的质量评估机制始终是我国高等职业教育体制深化改革、完善质量保障机制的旨归。本书以理论探讨、国际比较和案例分析相结合的办法对我国当前高职教育质量评估的制度和模式进行了研究,展示我国当前高职教育质量评估的应然状态和实然困境。同时通过对第三方评估的起源、主体、理念、流程的分析研究,使业界对高职教育质量第三方评估有更深刻的认识。随着国家持续推进政府职能转变和管办评分离,第三方评估在推进和运行中难免出现新的和更复杂的问题,从而需要从机构本位、政府本位、社会本位乃至科学研究本位等视角进行全方位的保障,以确保第三方评估在我国得以科学、健康、有序地发展。需要说明的是,将第三方评估作为我国现行教育评估制度的补充和完善,西方国家的经验对我国有借鉴和启示意义,但是在制度构建和机制设计过程中必须充分考虑我国的现实国情。本章拟通过对国际高职教育质量第三方评估保障措施的梳理,从机构本位的组织建设、政府本位的制度完善、社会本位的环境优化和科学本位的学术研究几个维度提出我国高职教育质量第三方评估的保障机制。

第一节 政府本位的保障:完善第三方评估制度

政府职能是指政府在社会经济发展中所应承担的职责与应该发挥的作用。政府职能反映了公共事务的内容与活动的方向。政府的社会职能因其社会公共性,决定了其必须立足于全社会的视角加以引导与调节,使社会实现良性运行。政府能够促进社会化服务体系建立,调节社会分配,组织社会保障。完善的制度是第三方评估机构良性运行的重要保障,西方发达国家为教育评估机构的资格和评估人员的从业资格认证以及对评估机构权利和义务的规范为第三方评估机构的良性发展提供了重要的保障。

一、我国第三方评估保障制度的现状

为建设有中国特色的社会主义高等学校,1990 年 10 月,国家教委提出加强对高等教育的宏观管理,指导普通高等学校的教育评估工作,制定了《普通高等学校教育评估暂行规定》(简称《规定》),指出"以学校的自我评估为起点,组织知识界、用人单位进行社会评估,并把此作为重点,组织党政有关部门和教育界进行评估,鼓励各类学术机构和社会团体参加教育评估"。这是我国改革开放以后首个以高等教育评估为主要内容的国家政策性文件,《规定》虽然具有浓郁的计划经济色彩,但一定程度上为我国高等教育评估工作的规范发展奠定了基础。1993 年,《中国教育改革和发展纲要》(简称《纲要》)发布。《纲要》指出,各地教育部门要把检查评估学校教育质量作为一项常规工作……要采取专家和领导与用人单位结合的途径,通过多样的形式开展质量评估和检查。《纲要》首次提出"通过转变职能,由对学校的直接行政管理转变为运用立法、拨款、规划、信息服务、政策指导和必要的行政手段进行宏观管理。建设有教育和社会各界专家参加的咨询、审议、评估等机构,对高等教育方针政策、发展战略和规划等提出咨询建议形成民主科学的决策程序"。通过对比发现,1990 年的《规定》只是提出"鼓励学术机构和社会团体参加教育评估"的设想,而《纲要》则进一步明确提出建立评估机构,并要求政府不直接干预评估的咨询、审议、评估等程序,而由"教育和社会各界专家"组织实施。1994 年以后,普通本科教学评估在全国范围内启动,1995 年的《首批普通高等学校本科教学工作评价实施办法》、1998 年的《关于进一步做好普通高等学校本科教学工作评价的若干意见》、2002 年的《普通高等学校本科教学工作水平评估方案(试行)》等几个关于教育评估的重要文件相继发布。这些文件有力地推进了本科院校的评估工作,但是当时的中国社会尚处于改革开放不久,计划经济体制的思想根深蒂固,管理者对权力让渡和高校自治的理念比较排斥,因此在政策制定过程中对第三方评估的相关规定较少。

高职教育质量评估的研究和实践在我国起步较晚,该领域的第三方评估更是刚刚起步。2005 年,教育部颁布了《教育部关于进一步推进高职高专院校人才培养工作水平评估的若干意见》(简称《意见》),明确了在省、自治区、直辖市教育行政部门的直接领导与组织下,在全国范围内全面实施五年一轮的高职高专院校评估,并要求定期对各省、自治区、直辖市的评估情况进行抽查,评估结果将作为示范性建设单位评选的主要依据。2008 年,在教育部高教司的直接领导下,通过对首轮试评估方案进行总结和全面反思,进一步对《意见》进行了修改,《高等职业院校人才培养工作评估方案》印发,该方案也成为当前我国高职教育质量评估的指导性文件。但那时对于高职教育质量评估依然停留在政府督导评估的层面,由行业企业及社会组织参与的第三方评估研究和实践依然较少。2010 年,国务院审议通过了《国家中长期教育改革和发展规划纲要(2010—2020 年)》,提出"改革教育质量评价与人才评价制度。改进教育教学评价。根据培养目标和人才理念,建立科学、多样的评价标准。开展由政府、学校、家长及社会多方参与的教育质量评价活动",为高职教育领域的第三方评估政策出台奠定了基础。

在此基础上,教育部于 2011 年接连颁发三份文件,在《教育部关于充分发挥行业指导作用　推进职业教育改革发展的意见》中提出,"要建立社会、行业、企业、教育行政部门和学校等多方参与,以能力水平和贡献大小为依据的职业教育质量评价体系",要"逐步建立以行业企业为主导的职业教育第三方评价机制"。《教育部关于推进中等和高等职业教育协调发展的指导意见》再次提出"探索建立职业教育第三方质量评价制度"。《教育部、财政部关于支持高等职业学校提升专业服务产业发展能力的通知》要求,"建立就业(用人)单位、行业协会、学生及其家长、研究机构等利益相关方共同参与的第三方人才培养质量评价制度"。2014 年,国务院发布《国务院关于加快发展现代职业教育的决定》,提出"完善职业教育质量评价制度,定期开展职业院校办学水平和专业教学情况评估,实施职业教育质量年度报告制度。注重发挥行业、用人单位作用,积极支持第三方机构开展评估"。

二、我国高职教育质量第三方评估制度保障的路径

为加快推进教育治理体系和治理能力现代化,推进政府职能转变和简政放权,进一步理顺政府、学校和社会的关系,实现政府依法管理下的教育管办评分离、学校依法自主办学、社会广泛参与的格局,2015 年 5 月,教育部出台了《教育部关于深入推进教育管办评分离促进政府职能转变的若干意见》。根据我国相关政策的规定和国情,未来,高职教育质量第三方评估制度保障应着眼于以下几方面。

(一)完善相关法律制度

法律是维护国家稳定与社会安定的有效手段。法律捍卫了人民的权利,使社会各个部门各司其职,正常运作。我国的法律体系包括五部分:宪法、法律、行政法规、地方性法规和部门规章。宪法是根本性的法律,属于上位法。法律由全国人大或者全国人大常委会制定。行政法规是由国务院制定的,法律效力低于法律。地方性法规是由省级人大或国务院批准的较大城市人大经省级人大批准制定的,其法律效力低于行政法规。部门规章是由中央各部委制定的,其法律效力低于地方性法规。关于高等教育第三方评估的法律目前仍然处于缺位状态。这样的缺位某种程度上制约了第三方评估在国内的发展壮大。因此应该尽快推动第三方评估立法,建立健全第三方评估机构参与高职教育质量评估的机制,夯实第三方评估机构的独立地位,使第三方评估机构走向规范化,为第三方评估健康发展提供有效保障。

（二）构建第三方评估机构资格认证制度

美国、欧盟等西方国家对第三方评估机构的发展持开放和包容的态度。第三方评估机构作为一支重要的民间力量对政府的决策有重要影响，因此，在以法律法规保障和提升第三方评估机构的法律地位的同时，也要出台相应的制度和措施规范第三方评估机构的行为，以确保第三方评估机构的可持续发展。

首先，以资格认证确保评估人员具有专业能力。教育评估的活动专业而复杂，教育评估事业需要有专业知识和专业技能的团队。正如邱本在《论知识权力》中所论述的，"民间评估机构的权力与强制性的社会权力不同，因此要发挥民间评估机构的权力，保障其健康运行，关键是运用和发挥以知识性和专业性为核心要素的知识权力。在当代，权力按知识配置是社会发展进步的客观要求"[1]。一定程度上，教育评估机构的权力大小取决于自身的专业能力、社会声誉和公信力。

其次，以专业的评估团队保障第三方评估机构的专业能力。以知识为本位的评估人员专业化是第三方评估机构权力运行的逻辑起点，也是第三方评估机构专业权力的来源。因此，提升第三方评估机构的专业能力、扩大第三方评估机构的社会影响力可以通过提升机构工作人员的专业能力来实现。要严把机构工作人员的遴选和聘用环节，以资格认证和持续学习等方式确保机构工作人员对教育基本理论、教育评估理论、教育评估方法技术和政策法规有深刻而全面的把握，打造工作、学习相得益彰的学习型团队，构建专业化的评估机构。

再次，以团队的专业化和机构的专业化保障评估活动的专业化。在具体的评估实践活动中，通过学习积累建构完善的评估指标体系，修正评估方法技术，改进评估模式，不断提升评估的质量。以专业的评估团队、专业的评估活动赢得口碑，提升第三方评估机构的社会公信力。

（三）建立第三方评估行业自律规范

行业自律规范是为了促进行业发展，由第三方评估机构自发组织形成的自我约束规范，旨在规范行业行为，协调同行利益关系，维护行业公平竞争，获取正当利益。行业自律不仅包括行业对国家法律法规的遵循，也包括对内部行规的遵守。一方面要求恪守国家法律、法规政策，另一方面以严格的行规行约约束从业人员的行为。不仅如此，行业自律规范还保护了从业人员，起到了互相监督、互相保护的作用。第三方评估机构通过建立科学、完善的自我约束与自我规范机制，推动评估机构良好运行。

首先，完善内部管理制度。借鉴先进的管理理念，建立健全第三方评估机构的财务审计制度、业务管理制度和人事管理制度。以科学的制度和机制规范机构的日

---

① 邱本．论知识权力 [J]．吉林大学社会科学报，1999（11）：5.

常运行。[①] 其次,建立规范的理事会制度,选择合适的理事会成员,定期进行理事会换届。并借鉴美国经验,要求理事会成员从组织获得的薪酬必须低于总数的 10%,以免因个人私利影响组织决策。[②]

第二节　社会本位的保障:优化第三方评估机构的运行环境

在高职教育从数量扩张向质量内涵提升的过程中,社会大众的关注和参与必不可少。良好的运行环境是第三方评估机构正常运行的根本前提。我国当前高职教育质量评估所引发的治理危机某种程度上与运行环境不良有关系。

一、营造良好的政策氛围

培养公民积极参与社会治理的意识是第三方评估机构参与高职教育质量评估的基础。改革开放以后,随着社会主义市场机制的不断发展,公民参与社会治理的觉悟和意识越来越强。公民对政治体制、文化教育、医疗卫生等涉及国计民生的行业和领域越来越关注,为第三方评估机构参与高职教育质量评估提供了良好的社会环境。

首先,通过政策扶持、资金援助等方式支持第三方评估机构的发展。2015 年 5 月,教育部颁布了《教育部关于深入推进教育管办评分离促进政府职能转变的若干意见》,指出"鼓励成立教育评价的行业组织,发挥其在评价机构的资格准入、业务指导、监督管理等方面的作用。对于操作不规范、弄虚作假甚至违规违纪的评价机构,要建立'黑名单'制度"[③]。其在政策方面为第三方评估机构制订了清晰的发展规划。但第三方评估机构在发展初期,需要更多的支持。借鉴和学习发达国家的经验,积极鼓励第三方评估机构的发展,这也是国家简政放权、转变职能的必由之路,以此把政府从烦冗的公共管理事务中解放出来,而致力于更具全局性和宏观性的事务。

其次,学校转变理念,从被动的"要我评"转为主动参与的"我要评"。高职院校通过接受和参与第三方评估机构的评估活动,以站在学校以外的立场查找问题、督促诊改,提升教育质量。因此,通过主动邀请第三方评估机构对学校的专业设置、综合质量、师资绩效、就业等进行全方位评估,学校不断提升办学水平。

---

① 杜江坤. 我国高等教育第三方评估制度研究 [J]. 河北软件职业技术学院学报,2016,18(3):27-30.

② 王尧. 中国高等教育评估的问题、对策与发展趋势 [J]. 高教发展与评估,2006(6):1-11

③ 杨希. 教育部:推进教育管办评分离 促进政府职能转变 [J]. 陕西教育(高教),2015(6):25-25.

此外,为第三方评估机构建立信用档案。信用是第三方评估机构可持续发展的根本,为第三方评估机构建立信用档案是西方国家管理中介机构的通用举措。可建立第三方评估机构信用等级制度,学生、企业、公众等可对第三方评估机构的信用等级进行查询。还可对第三方评估机构实施年度考核,对于有良好信用的机构进行积极宣传和嘉奖,赋予其较高的信用等级;对违反法律法规、从业规则和道德标准的机构予以曝光、取缔或使其承担法律责任,增加不良机构违反法律法规和行业公约的成本。[1]

二、培养公民的参与意识和参与能力

公民的参与意识和参与能力是推动民间力量参与社会治理的重要因素。第三方评估机构参与高职教育质量评估是公民参与教育治理的重要体现,也是民间教育评估机构产生的重要动力源。

"公民"(citizen)的概念最早可追溯到古希腊的城邦时代。"公民"当初是一个身份概念,相对于居住在城郊、从事劳役的奴隶,特指城邦国家里居住在市内、享有国民权利的市民。所以,亚里士多德说:"公民是有权参与议事和审判职能的人,政治权利是公民资格的真正条件。"[2]《中华人民共和国宪法》第三十三条规定:"凡具有中华人民共和国国籍的人都是中华人民共和国公民。中华人民共和国公民在法律面前一律平等。国家尊重和保障人权。任何公民享有宪法和法律规定的权利,同时必须履行宪法和法律规定的义务。"[3] 根据这一规定,学界对公民意识和公民能力的定义为公民意识主要是指公民对于自己的国家主人地位、应享受的权利和应履行的义务的自觉意识,具体体现为保障与促进公民权利,合理配置国家权力资源的各种理论思想。[4] 公民能力是指公民的政治参与能力,即公民对于一项政府决策的政治影响和参与的程度。教育具有政治性、社会性和全民性,需要公民有效参与,因而,我们认为公民意识、公民能力既是公民社会发育的条件,又是公民社会发育的结果。公民意识的培育和公民能力的形成为第三方评估机构的发育和发展提供了人才来源。[5]

(一)培养公民参与意识

毋庸置疑,提升公民意识对于现代社会的进步颇有裨益,二者之间是相辅相成的关系。我国公民意识的培育不仅取决于市场经济体制的改革,也需要民主政治体制的保障。同时,社会媒体的宣传教育也起到了不可替代的重要作用。

---

① 刘波.民间教育评估机构运行机制研究 [D].重庆:西南大学,2013:156.
② 颜世顾.公民政治权利实现:条件、制约因素与路径 [J].理论探索,2011(6):120-122.
③ 于振国.谈司法人员的法律地位 [J].法学杂志,1988(4):33-33.
④ 郑杭生.从政治学、社会学视角看公民意识教育的基本内涵 [J].学术研究,2008:19-22,30.
⑤ 刘波.民间教育评估机构运行机制研究 [D].重庆:西南大学,2013:16.

首先,培养公民意识需深化市场经济体制改革。唯物论指出,物质决定意识,经济基础决定意识形态。市场和价值规律在市场经济中作为资源配置的基本方式实行等价交换原则,参与交换的市场主体拥有平等的身份。这里需要支出的是,交换的双方是在相互协商后促成交易,双方是自由平等的。交换过程中,市场主体必须根据双方事前订立的契约,履行权利,承担责任。市场活动有助于公民为主的市场主体强化自己的自主意识、法律意识、权利意识和责任意识。

其次,公民意识通过推进社会主义民主政治建设来强化。公民通过参与社会公共事务体会公民意识作为意识形态的具体表现形式。公民在具体实践(如广泛的民主生活)中明确自身的权利或义务,还可通过民主决策、民主管理和民主监督等强化权利义务意识,表达自己的诉求。

再次,借助大众传媒对公民意识进行引导熏陶。大众传媒是民众广泛、及时地获得信息的便捷渠道,因此大众传媒可以帮助公众参与社会政治、经济生活,为民众参与社会公共事务提供正确舆论导向。同时,畅通民众对国家公共权利和公共事务进行批评和监督的渠道,形成平等参与、自由讨论、民主和谐的良好社会氛围,有利于民众公民意识的成长。[①]

(二)培养公民能力

公民追求有价值的个人目标与社会目标所具备的能力称为公民能力。一般来说,公民能力包括以下三种能力:第一,公民政治能力。公民政治能力不仅包括民主能力、参与能力,也包括质疑能力、批判能力及合作能力。第二,公民理性能力,即获取知识和技能的能力。知识与技能是公民谋求发展的基础,公民通过知识和技能增强逻辑思维能力。第三,公民道德能力。道德能力指人鉴别是非善恶,做出道德选择并付诸实践的能力。道德能力要求公民的认知与行为相统一、思维与实践相一致。

公民教育是公民能力培养的常见方式,旨在培养公民的权责意识,学会思考个人与集体和国家的关系,具备批判能力,掌握行使公民权利的方法,承担公民的义务,成为积极主动的公民权责主体。首先,通过学校教育培养公民能力。公民的成长教育开始于学校,因此,学校教育是公民教育的主要途径。其次,通过大众媒体进行宣传教育。当今社会的信息和资讯比较发达,公众可选择和接受的媒体工具比较丰富,可以通过互联网、电视、杂志等对公民进行教育。此外,公民能力也可通过公民自身的实践得以提高。

近年来,随着经济社会的发展,公民参与教育治理的诉求日益强烈,参与方式也日益多元。国家在制定和颁布重大的教育政策和改革决定时,通常会以各种方式征

---

① 熊孝梅.当代中国公民意识的现状与培育 [J]. 人民论坛,2014(6):45-47.

求公民的意见和建议。例如,《国家中长期教育改革和规划纲要(2010—2020年)》就是在充分征求公民意见的基础上颁布的,是公民积极参与教育改革的成功尝试。

第三节　组织本位的保障:加强第三方评估机构的能力建设

评估机构能力建设是实施高职教育质量第三方评估的重要基础。评估机构能力是指第三方评估机构实现发展愿景与目标、有效管理与利用社会资源,从而为高职院校提供优质评估服务的能力。

一、第三方评估机构的主体能力构成

作为专业的教育评估机构,第三方评估机构的能力构成是包括多方面的,如自我管理能力、评估专业能力、业务拓展能力等。通常情况下,第三方评估机构的能力构成主要受组织结构、规章制度、成员关系等要素的影响。

(一)自我管理能力

第三方评估机构的自我管理能力主要体现在机构的组织构架、行政管理、财务管理等方面,具体分析如下。

评估机构要实现自我管理,首先要构建科学合理的组织构架。组织架构(organizational structure)指一个组织的整体结构,是企业流程运转与职能规划的最小单位、最基础的结构,受企业管理要求和业务特征等多因素影响。组织架构通常有集权制、分权制、直线式以及矩阵式等形式。[①] 各种架构形式各有利弊,通常情况下,直线式的管理构架最为简单,各级单位垂直领导,比较适合人数不多且业务相对单一的教育评估机构。第三方评估机构的行政管理和普通公司的管理较为相似。第三方评估机构的日常行政事务主要是理顺内外关系和上下关系,上情下达、下情上报;此外,行政事务还包括对各项工作的督促和检查、对机构规章制度的履行,使机构的行政事务规范化、程序化和制度化。财务管理是企业管理的核心内容,它是现代组织管理中一项涉及面广、综合性和制约性很强的系统工程。它是通过价值形态对资金进行决策、计划和控制的综合性管理。财务管理是一切组织正常运作的基础,内容主要包括成本预算、核算及控制、财务循环、风险控制等。第三方评估机构的收入主要是提供评估服务所得到的酬劳以及其他社会组织的赞助。官方型第三方评估机构(如上海市教育评估院、重庆市教育评估院等)还接受政府的拨款。财务管理能力是关系第三方评估机构可持续发展的核心能力之一。

---

① 解金城. 企业组织结构变革的影响因素及效果分析 [D]. 苏州:苏州大学,2012:7-10.

(二)评估专业能力

评估专业能力主要指第三方评估机构的专业水平,是第三方评估机构生存、发展的核心,也是其本质属性之一。高职教育本身是一项复杂的专业教育活动,因此对高职教育进行客观评判并做出权威性的评估鉴定要求第三方评估机构具有相应的专业能力。"第三方评估的专业能力主要体现在评估人员的专业性及评估过程中所依据的原则和标准的专业性、方法和工具的专业性、评估理论的专业性和评估结论的专业性等。"[①]

(三)业务拓展能力

业务拓展能力是指第三方评估机构根据发展战略制订具体的业务发展计划、进行业务推广的能力。第三方评估机构通常分为私立机构和公立机构。私立机构没有政府的财政拨款,其生存和发展依靠其评估业务。公立机构虽有财政拨款,但是也要靠业务发展实现价值。公立机构和私立机构都要靠业务拓展实现自身的可持续发展。业务拓展能力是第三方评估机构的重要能力,具体内容包括市场调研、组建业务团队、进行业务推广。

(四)文化管理能力

企业文化(corporate culture 或 organizational culture)又叫作组织文化,是由价值观、信念等组成的特有的文化形象。企业文化在一定程度上体现了企业的软实力。企业文化是在一定条件下的生产经营和管理活动中创造的,是具有组织特色的精神财富。组织文化的核心是价值观,但组织文化不仅仅包括价值观,还含有文化观念、价值观念及道德规范,也包括历史传统、组织制度、行为准则与文化环境等。第三方评估机构同样需要构建有自身特色的理念、价值及准则等文化,这些文化制度的构建有助于提升机构形象,增强员工的凝聚力。

(五)政策理解能力

国家相关的政策法规对第三方评估机构的生存和发展具有十分重要的影响。作为独立的机构,任何时候站在公平公正的立场,确保不受外界因素干扰,客观独立地做出价值判断是第三方评估机构的核心价值。然而由于历史原因和我国的特殊体制,国家对包括社会组织和民间机构在内的第三方评估机构的管理较严格,评估过程和评估结论难免受到制度环境的制约。因此,如何合理、精准地把握国家政策显得尤为关键。第三方评估机构应该积极向监管部门反馈自身的现状、困境及发展趋势,以科学的视角探索和解析问题,引导政府合理决策,建立科学、完善的制度环境,确保第三方评估机构的发展有法可依、有法必依,以实现第三方评估机构的可持续发展。

---

① 别敦荣. 论高等教育评估的基本特征 [J]. 辽宁教育研究,2004(4):14-16.

二、第三方评估机构的能力建设

能力建设(Capacity Building)是指通过提供必要的帮助,使个体或组织实现自助和自我发展。2011年3月,教育部评估中心领导在全国高等教育质量保障与评估机构能力建设研讨会上指出,评估机构能力建设强调的就是个体和组织之间通过学习研究、沟通交流、加强管理以及获取资源等活动实现自我不断提升的过程。第三方评估机构只有不断加强自身能力建设,持续提高自身素质,加强自我管理,才能确保专业性、科学性和权威性,从而实现自身的可持续发展。

(一)加强理论创新和实践创新

创新是人类独特的实践能力,从根本上体现了人类的主观能动性。创新也是推动社会发展和民族进步的不竭动力。要想使我们的国家和民族立于不败之地,绝不能小觑创新思维。创新是引领发展的第一动力。创新在经济、技术、文化、教育等各行各业的研究和发展中同样举足轻重。随着经济社会的发展,教育评估理论历经"测量""描述""判断"和"协商建构"四个阶段的创新发展。2011年颁布的《教育部 财政部关于支持高等职业学校提升专业服务产业发展能力的通知》要求,"建立就业(用人)单位、学生及其家长、研究机构、行业协会等利益相关方共同参与的第三方人才培养质量评价制度"。《国家中长期教育改革和发展规划纲要(2010—2020年)》提出,"实行分类评估,建立科学、多样的评价标准"。2014年,《国务院关于加快发展现代职业教育的决定》提出,"完善职业教育质量评价制度,定期开展职业院校办学水平和专业教学情况评估,实施职业教育质量年度报告制度。注重发挥行业、用人单位作用,积极支持第三方机构开展评估"。上述文件的颁布足以说明国家对教育创新的重视。我国高职教育质量评估应该从理论上不断丰富,在实践中不断创新,并利用"互联网+"及"大数据"等信息技术不断创新评估技术方法,保障高职教育的健全发展。

(二)强化评估队伍的专业化发展

队伍建设是评估机构能力建设的核心。第三方评估机构的专业化包括评估方法的专业化和评估人员的专业化,高职教育质量评估的专业化水平主要取决于评估队伍的全面化和专业化。评估机构的日常事务具体包括评估信息的采集与整理、专家的遴选与培训、数据信息的计算与分析、对专家意见进行归纳总结、撰写评估报告、为被评估对象提供决策咨询,等等。这些事务不仅要求评估人员拥有丰富的教育学理论、教育统计方法技术等专业知识,还要求评估人员对教育政策法规、各地教改动态有全面、精准的把握。此外,评估人员也要爱岗敬业、遵纪守法、正直、有担当。因此,可以借鉴美国高等教育认证理事会(CHEA)的经验,通过注册或考试的方式对评估人员进行资格认证,令其持证上岗。譬如,麦可思作为国内比较有影响力的第三方评估机构,非常注重评估活动和评估人员的专业性。麦可思建构了一套完善的教育评估理论体系,该理论体系在专业性、规范化及程序性上是国内比较先进的。此外,为保障公司的良好发展,麦可思从社会上广招专业人才,所以它所开展的评估活动和评估结果具较强的专业性和权威性,通过良好信誉在业界赢得了良好口碑,实现了机构的可持续发展。

(三)深化与国内外评估机构的交流与合作

在国际上,包括联合国国家开发计划署(UNDP)、联合国教科文组织(UNESCO)、联合国国际教育规划研究院(IIEP)在内的国际组织都十分注重以组织专家交流、课题研究、标准研发等途径帮助评估机构提升能力。譬如,"推动发展中国家在高等教育质量保障方面的能力建设"是联合国教科文组织提出的行动口号,在 2009 年世界高等教育大会公报中,联合国教科文组织明确地写入此条例。国际高等教育质量保障机构联盟(INQAAHE)与世界银行合作推出了"全球质量保障能力促进计划"(GIQAC),专门为发展中国家提供能力建设培训课程。亚太地区质量保障联盟(APQN)在机构能力建设方面也开展了很多有效的工作。美国高等教育认证理事会(CHEA)一直把为评估机构的能力提升和发展提供帮助作为一项重要任务。在国内,上海市教育评估协会也早就与同行就专业评估人员持证上岗和对评估机构资质的认可制度探索等问题进行交流与探讨,而重庆市教育评估院作为国内成立较早的评估机构也十分关注与国内外同行的交流。

(四)注重评估机构的制度及文化建设

制度建设与文化建设是评估机构内部管理的灵魂。制度建设是通过组织行为建立规程,以提升管理效益。"没有规矩,不成方圆。"因此,制度建设的前提是建立完善的监管机制,做到有规可依、有规必依,落实制度管人。机构制度通常包括三方面的内容:一是制定共同规则;二是保证规则执行;三是坚持公平原则。制度建设的过程也是提炼、凝聚和塑造机构文化的过程。文化建设是吸引人才、留住人才的根本要素,也是评估机构实现可持续发展的动力。评估机构可通过借鉴企业文化的凝聚、激励、约束、导向等功能,建立机构员工共同的价值愿景;通过持续增强机构员工的归属感、荣誉感、存在感,在公平、正义的基础上营造身心愉悦的工作环境,从而激发机构员工的进取心和创造力。

第四节　学术本位的保障:强化第三方评估机构的学术研究

第三方评估作为一种兴起于国外的教育评估模式,在应用于我国高职教育质量评估系统时,需要通过元评估和可靠性研究等加强对它的学术研究,以使其保持科学性。

一、以元评估保障第三方评估的科学性

元评估于 20 世纪 60 年代起源于美国。由于当时美国教育界所采用的评估方法墨守成规,因此评估结果颇受公众质疑。加之当时的美国教育界刚经历了一场评估改革运动,元评估的相关理论及方法应运而生。高职教育质量第三方评估是一种新的评估模式,其评估的有效性、科学性、准确性等尚需进一步验证。因此,以元评估的方法和理论检验第三方评估的科学性显得很有必要也很有意义。

(一)元评估的内涵

在英文中,"元"为 Meta,是"超越"的意思。教育元评估属于元意识(Meta-Awareness)研究的范畴。在后来的科研术语中,"元"概念被引申为一种更高的逻辑形式。例如,元科学(Meta-Science),是科学的科学,即对科学的分析、批判或总结等;元语言(Meta-Language),是指用一种新语言对原语言进行解释。因此,顾名思义,元评估(Meta-Evaluation)即对评估的再评估。元评估这一概念最早是美国的斯克里文教授在 1969 年提出的,他将 Meta-Evaluation 定义为对评估活动、评估系统或评估工具的评估。关于元评估的确切内涵,学界至今尚有不同的理解和争议。以库克为代表的资料分析派认为,"元评估通过对某一特定评估的资料、解释与启示进行再评估,以此检验原评估设计与有关政策的关联度;通过评估基础研究及已有资料,以评判实施有关政策措施的效果,预测出台新政策的可能性"[1]。以斯塔弗尔比姆为代表的过程派则认为,"元评估是描述、获取、应用描述性信息和判断性信息的过程,包括评估的实用性、可行性、适切性、准确性,以及评估体系的性质、作用、完整性、诚信度和社会责任等,以指导评估活动,并报告其优势与不足"[2]。林奇、格英尔、拉森则认为,"元评估是指对一项评估系统或评估工具的评估,进而控制评估偏差,提高评估质量"[3]。基于不同的视角,学界对元评估的定义和阐述也不一样,但这并不妨碍元评估的实践和应用。

---

[1] Cook T D. The Potential and Limitations of Second Evaluation[C]//Apple M W, Subkovi-ak M J, Lufler H S. Educational Evaluation: Analysis and Responsibility. Berkeley, CA, 1974:155-235.

[2] Stufflebeam D L. The Methodology of Meta-Evaluation as Reflected in Metaevaluations by the Western Michigan University Evaluation Center[J]. Journal of Personnel Evaluation in Education, 2000, 14(1):95-125.

[3] Lynch D C, Greer A G, Larson L C. Descriptive Meta-Evaluation: Case Study of an Interdisciplinary Curriculum[J]. Evaluation & the Health Professions, 2003, 26(4):447-461.

（二）元评估的标准

有一套系统而科学的评估标准是元评估开展的前提，也是元评估的关键所在。元评估标准的研究和制定是众多评估学者与机构十分重视的，他们对此做了大量的尝试。美国教育评估标准联合委员会（Joint Committee on Standards for Educational Evaluation，简称Joint Committee）在1981年正式公布了元评估的标准。Joint Committee指出，评估要达到理想的平衡，须符合表7-1中所列的四项内容。[①]

表7-1　元评估的标准

指标	内涵	标准
适用性	所提出的战略对在战略分析中所确定的组织环境的适应程度	评估者的公信力，关注利益攸关者，明确的目标，清晰的价值，可用的评估信息，有意义的过程与结果，及时、恰当的交流与报告，注重后果与影响
可行性	可行性指对过程、设计、程序或计划能否在所要求的时间范围内成功完成的确定	有效的评估管理策略，切实可行的操作程序，能协调各种利益需要，能高效利用有关资源
合理性	确保评估合法且合乎道德	评估服务的方向性，正式评估协议包含的项目，公众的权利，人际交往情况，报告的公开性和坦率性，评估结果的公示性，评估中的利益冲突，财政的责任
准确性	确保评估揭示和传达专业上的充分信息	评估的计划和执行，评估的环境，目的与程序的阐述，信息来源的可靠性，测试的效度和信度，数据的系统控制，评估信息的定性分析，评估结论的公正性，评估报告的客观性，评估的再评估

该量表能够收集、组织、分析和报道评估信息，管理评估过程，判断评估工作中的优缺点。研究者按照不同的评估侧重点分别设计了不同的评估量表，包括方案评估量表及人员评估量表等，这些量表可以单独或结合起来使用。元评估量表主要有以下三种形式，见表7-2。

表7-2　元评估量表

量表名称	适用范围	量表内容
方案评估	项目或方案评估	实用性、可行性、合理性、准确性
人员评估	人员评估	实用性、可行性、合理性、准确性
指导原则	项目或方案评估	以系统和数据为基础，由有能力胜任并且正直的评估人员进行评估；要考虑到可能与大众和公共利益相关的兴趣和价值观的多样性

---

① Joint Committee on Standards for Educational Evaluation. Standards for Evaluation of Educational Programs，Projects and Materials［S］. New York：McGraw-Hill，1980：86.

制定元评估标准的意义在于为评估质量的判定给出了操作性定义,便于不同的评估者对评估的原则及程序达成一致意见;为各种评估问题的处理建立了共同规则;作为判断评估活动与评估报告质量的标准。遵循一定的程序实施元评估是确保元评估顺利开展的基本前提,一般情况下,元评估的开展通常按以下程序进行:① 确认元评估的主、客体及评估内容;② 以元评估的标准对照分析评估方案;③ 对评估方案进行改进;④ 实施元评估。

(三)对高职教育质量第三方评估进行元评估的意义

随着社会对高职教育质量越来越多地关注,不同评估理论和评估方法也更多地被运用于高职教育质量评估,人们对教育评估工作是否科学的关注度也日益强烈。元评估是指按照一定的标准或原则对教育评估工作本身进行评估的活动。元评估的目的在于对评估工作的质量进行判断从而规范与完善教育评估活动,充分发挥评估的积极功能。

一方面,元评估可以提高第三方评估结果的可靠性及评估活动的效益。第三方评估的目的和意义在于真实客观地反映教育活动的现状,使教育者找出不足、认识差距,并做出相应的整改。第三方评估如果不能真实客观地反映教育活动的现状,则评估就没有了意义。因此,第三方评估结论是否可靠直接影响到根据评估结果做出的决策或改进工作的实际效果。通过元评估找出高职教育质量第三方评估活动中存在的弊端和问题,并予以及时整改,可避免造成不必要的损失。

另一方面,元评估可以促进我国教育评估的科学化。教育评估的科学化是指“运用马克思主义哲学和现代科学的成果,对教育评价的机制进行定性和定量的研究,以揭示教育评价的一般规律及其在各种情况下的特殊形态,是自然科学与社会科学的统一”。“采取一定的权威教育评价组织形式,把教育评价的科学研究成果运用于教育评价实践。”[①] 教育评估的科学化包括评估理论的科学化、评估方法的科学化和评估理念的科学化。因此,对第三方评估进行元评估研究有助于教育评估理念、流程、方法、技术的科学化。

二、以可靠性研究保障第三方评估的稳定性

通俗地讲,可靠性就是可信任程度。可靠性与质量有密切关系,因此研究教育质量评估就必须论证教育评估的可靠性问题。第三方评估的效果如何、结论是否可靠需要通过可靠性来研究论证。因此,建立第三方评估的可靠性研究机制将推动我国高职教育质量第三方评估工作的规范化、科学化和专业化。特别说明的是,本书在对高职教育质量评估的可靠性进行研究时,借鉴了张伟江等提出的可靠性研究模型。

---

① 刘尧. 论教育评价的科学性和科学化问题 [J]. 教育研究,2001(6):22-26.

（一）教育评估的可靠性的内涵

产品的可靠性是指产品在规定的条件下和在规定的时间内完成规定功能的概率。张伟江等研究者提出，教育评估的可靠性是指教育评估结果能如实、准确地反映评估对象客观实际情况的概率。[①] 正如复杂系统的可靠性依赖于每个组件的可靠性和组件之间的可靠性一样，高职教育质量评估系统也是一个多层次、多类型、多要素组合而成的复杂系统，通常情况下，综合性教育项目的评估包含基础设施、教学、师资、学生等众多要素，可靠性评估要考虑每个单一要素的可靠性，因此，对教育项目或评估模式的可靠性评估要对其每一个部分和环节进行可靠性分析。

（二）第三方评估的可靠性构成要素

在教育评估实践过程中，教育评估系统一般由教育管理系统、教育信息系统和评估专家系统三部分构成。其中教育管理系统指的教育评估项目的组织、管理部分；教育信息系统代表整个评估过程中所有获得评估相关信息的环节；评估专家系统代表评估专家对项目做出评判的环节。从而，得出计算教育评估项目可靠性的公式：

$$R = R_M \times R_I \times R_E$$

其中，R 表示整个教育评估系统的可靠性；R_M 表示教育管理系统的可靠性；R_I 表示教育信息系统的可靠性；R_E 表示评估专家系统的可靠性。

1. 教育管理系统

对一个项目的评估通常包括方案设计和方案实施两个子系统。假设这两个子系统相互独立。方案设计的可靠性的大小，通常由设计人员、方案内容以及审核方式共同决定。方案实施的可靠性的大小一般由如何遴选专家、如何培训专家以及评审方案的组织实施决定。

2. 教育信息系统

教育信息系统的可靠性涵盖了整个评估系统获得信息的可靠性。信息系统的一般包括自评信息审核与现场信息采集两个子系统。

3. 评估专家系统

同理，评估专家系统的可靠性涵盖了整个评估系统中专家对于项目评估的可靠性，评估系统的可靠性一般包括各专家评估单元的可靠性。当教育评估项目中含有复评的时候，专家系统可看作一个并联系统；当项目中没有复评的时候，专家系统只由一个单元组成。

最后，将教育信息系统、评估专家系统和教育管理系统三个系统综合即是评估稳定性的结果。

[①] 张伟江，孙祝岭，郭朝红. 教育评估的可靠性研究［M］. 北京：高等教育出版社，2009：55.

结　　语

> 我仅知道社会的最高决策权不在别处,就在人民之中。如果我们认为人民不够开通,难以行使离职的决策权,那么,补救的方法不是将此决策权从他们手中收回,而是给他们指明方向。
>
> ——托马斯·杰斐逊

在这个承前启后、继往开来的新时代,高职教育所处的环境(包括知识生产方式、科学研究范式和学习情境)在经历从传统向现代转型的巨变。客观地讲,当前的时代既是中国职业教育所处的最好的时代,也是面临挑战最大的时代。因此,在机遇与挑战并存的时代背景下,高职教育质量保障体系的健全与完善已成为不容忽视的重点和热点。高职教育质量评估应该主动适应时代转型,唯有如此,新时代的中国职业教育才能持续、健康地发展。正是基于对当前中国职业教育发展新形势的思考和判断,本书选择高职教育质量评估这一令人期待又富有挑战性的研究领域。之所以令人期待,是因为该研究具有新颖性、重要性。然而,该研究也极富挑战性,因为高职教育质量评估的理论体系较为复杂,所涉及的领域和学科领域较为宽广。

首先,基于已有研究基础,本书对高职教育质量第三方评估的背景进行了多视角、深层次的探析。一方面,先对高职教育质量第三方评估的核心概念、本质内涵、立论基础、功能机制等进行了全面而深刻的研究,这也是进行高职教育质量第三方评估研究的基础。另一方面,在进行理论研究的基础上,采用比较研究的方法,梳理了国际上比较有代表性的官方主导型、民间主导型和半官方型三种评估机构的价值取向和发展逻辑。通过这一部分的研究发现,相比传统的政府主导的行政评估,第三方评估机构因独立于政府和学校之外,故可以保障其独立的立场;因不受体制和编制限制,可以汇集众多优秀的专业人才,故可以保障其专业能力;因机构自身有可持续发展诉求,故可以保障其公平公正的价值立场。因此,开展高职教育质量第三方评估是践行教育管办评分离、实现教育治理科学化和民主化、构建现代高职教育质量保障体系的重要措施。

其次,在对第三方评估的理论背景和现实背景进行全面分析的基础上,本书采用理论思辨与实证研究相结合的方式,借鉴第四代评估理论、治理理论以及委托代理理论等,从评估理念、评估主体、评估流程以及评估保障等方面对第三方评估加以研究。综合运用文献分析、个案研究、比较研究、访谈调查等方法,对高职教育质量第三方评估的评估理念、评估主体、评估流程、评估保障进行了实然现状调研和应然状态分析。该部分是本书研究的核心和重点,其内容和价值主要包括以下几个方面。

（1）全面梳理和介绍了美国、英国、荷兰、澳大利亚等国家教育领域第三方评估的经验,通过理论研究和实践对比,呈现了我国高职教育质量第三方评估的应然路径和实然状态之间的差异。

（2）研究发现,我国传统的高职教育质量评估秉持计划经济时期的静态评估理念。静态评估理念的主要特征是评估流程静态、评估标准静态和评估目的静态。而高职教育质量第三方评估以第四代评估理论为观照,秉持动态评估理念。动态评估包括评估目标动态、主体理念动态、评估内容动态和评估过程动态。评估目标动态是指目标理念设计从优劣评判转向诊断和改进;主体理念动态是指从多元治理缺位转向多元治理到位;评估内容动态是指参数指标从单向制转向与利益相关者协同构建;评估过程动态是指虽注重评估结果,但更注重基于结果的诊断和改进。

（3）以第四代评估理论为指导实施的第三方评估倡导主体多元和价值多元,把学生、教师、用工企业、一线技师及所辖社区等界定为利益相关者,他们都可参与评估。评估者与利益相关者通过协商构建动态评估标准,以解释学循环辩证和自然主义调查方法论作为基础,确保了评估过程的民主和价值多元。

（4）传统上我国实行的是从中央到地方的多级教育垂直管理体制,其评估机制以委托代理的形式在各级政府间逐级下沉。评估通常先由教育部组织发起,再经省、市两级教育行政部门下达各高职院校,省级教育行政部门组织评估专家入驻学校进行评估并对学校所提交的材料进行审核。评估专家通过与被评院校及其上级主管部门讨论,然后向省级评估委员会提交评估结论及工作报告。最终经省级教育行政部门审定,向社会公布评估结论。新制度经济学的委托理论认为这种由政府逐级委托的评估机制在一定程度上延长了评估管理链,增加了制度交易的成本。如果委托人（政府）不能完全监督代理人（高职院校）的行为,代理人就不会像委托人期望的那样努力。在委托人和代理人都寻求各自效益最大化的前提下,委托人和代理人的效用函数不一致易导致两者利益冲突。这种冲突在我国高职教育质量评估过程中的具体体现就是滋生机会主义和形式主义。第三方评估机构以独立于学校和政府的身份接受学校和政府的委托进行评估,一定程度上,机构与学校的地位是平等的,没有领导与被领导的关系。机构为了自身的可持续发展,会确保评估结论的科学性、独立性和公正性。

（5）在保障机制层面,通过比较发达国家第三方教育评估的经验,梳理我国高职教育质量第三方评估的现状发现,我国高职教育质量第三方评估存在独立性不强、权威性不足、竞争性不高等问题,通过实证调研分析了这些问题的成因,如制度保障的缺位、传统文化的排斥及元评估机制的失位等,从而提出可从政府本位、社会本位、组织本位和学术本位方面加以保障。政府本位的保障可通过制定法律保障第三方评估机构的地位、构建第三方评估机构的资格认证制度、建立第三方评估行业自律机制等实现;社会本位的保障通过优化第三方评估机构的运行环境、营造良好的政策氛围、培养公民的参与意识和参与能力实现;组织本位的保障可通过提升第三方评估机构的自我管理能力、评估专业能力、文化管理能力、政策理解能力和业务拓展能力实现;学术本位的保障通过强化第三方评估的科学性实现。

本书采用理论思辨和实证调研相结合的范式,对高职教育质量第三方评估进行了较为全面和深入的探究,并有了一些发现和结论。一定程度上,这些发现和结论对第三方评估在我国高职教育中的应用和实践具有借鉴价值。由于受一些主观和客观条件的限制,本书尚存在许多不足之处。例如,以学术视角审视,教育质量第三方评估源于西方国家,将其迁移至我国国情及体制下,其理论迁移的适切性、本土性及实效性均有待进一步论证。

参考文献

[1] 白永红. 中国职业教育 [M]. 北京:人民出版社,2011.

[2] 别敦荣. 中美大学学术管理 [M]. 武汉:华中理工大学出版社,2000.

[3] 陈家刚. 全球治理:概念与理论 [M]. 北京:中央编译出版社,2017.

[4] 陈漠开. 高等教育评估概论 [M]. 长春:吉林教育出版社,1988.

[5] 陈玉琨. 教育评估的理论与技术 [M]. 广州:广东高等教育出版社,1987.

[6] 陈玉琨. 中国高等教育评价 [M]. 广州:广东高等教育出版社,1993.

[7] 程凤春. 教学全面质量管理 [M]. 北京:教育科学出版社,2004.

[8] 辞海编辑委员会. 辞海 [M]. 上海:上海辞书出版社,1989.

[9] 冯平. 评价论 [M]. 北京:东风出版社,1995.

[10] 黄晓勇. 中国民间组织报告(2011—2012)[M]. 北京:社会科学文献出版社,2012.

[11] 黄晓勇. 中国民间组织报告(2010—2011)[M]. 北京:社会科学文献出版社,2011.

[12] 黄尧. 职业教育学:原理与应用 [M]. 北京:高等教育出版社,2009.

[13] 江传月. 评价的认识本质和真理性 [M]. 广州:中山大学出版社,2005.

[14] 姜大源. 当代世界职业教育发展趋势研究 [M]. 北京:电子工业出版社,2012.

[15] 李福华. 大学治理与大学管理 [M]. 北京:人民出版社,2011.

[16] 李连科. 价值哲学引论 [M]. 北京:商务印书馆,1999.

[17] 刘广第. 质量管理学 [M]. 北京:清华大学出版社,1996.

[18] 刘继民. 质量管理体系:方法与实践 [M]. 北京:中国标准出版社,2002.

[19] 马庆钰. 中国非政府组织发展与管理 [M]. 北京:国家行政学院出版社,2007.

[20] 陈金罗,刘培峰. 转型社会中的非营利组织监管 [C]. 北京:社会科学文献出版社,2010.

[21] 孟令君. 中国民间组织管理概论 [M]. 北京:中国言实出版社,2001.

[22] 潘懋元,王伟廉. 高等教育学 [M]. 福州:福建教育出版社,1995.

[23] 苏力,高丙中. 规则与发展:第三部门的法律环境 [M]. 杭州:浙江人民出版社,1999.

[24] 陶西平. 教育评价辞典 [M]. 北京:北京师范大学出版社,1998.

[25] 王承绪. 发展中国家高等教育模式的国际移植比较研究 [M]. 杭州:浙江大

学出版社,2009.

[26] 〔加〕约翰•范德格拉夫,等.学术权力:七国高等教育管理体制比较 [M].王承绪,张继平,徐辉,等,译.杭州:浙江教育出版社,1989.

[27] 王冀生.中国高等教育评估 [M].长春:东北师范大学出版社,1993.

[28] 王战军.学位与研究生教育评估技术与实践 [M].北京:高等教育出版社,2000.

[29] 王致和.高等学校教育评估 [M].北京:北京师范大学出版社,1995.

[30] 夏天阳.各国高等教育评估 [M].上海:上海科学技术文献出版社,1997.

[31] 谢长法.中国职业教育史 [M].太原:山西教育出版社,2011.

[32] 徐国庆.实践导向职业教育课程研究:技术学范式 [M].上海:上海教育出版社,2005.

[33] 杨志坚,张伯坚,付庆业,等.2000新版 ISO9000 质量管理与质量保证体系认证指南 [M].北京:国防工业出版社,2001.

[34] 俞可平.治理与善治 [M].北京:社会科学文献出版社,2000:2.

[35] 俞可平.中国治理变迁 30 年 [M].北京:社会科学文献出版社,2008.

[36] 张伟江.教育评估的可靠性研究 [M].北京:高等教育出版社,2009.

[37] 张晓立.解析美国高等教育 [M].北京:中央编译出版社,2011.

[38] 赵志群.职业教育与培训学习新概念 [M].北京:科学出版社出版,2003.

[39] 朱德全,宋乃庆.现代教育统计与测评技术 [M].重庆:西南师范大学出版社,1999.

[40] 〔美〕阿巴斯•塔沙克里,查尔斯•特德莱.混合方法论:定性方法和定量方法的结合 [M].唐海华,译.重庆:重庆大学出版社,2010.

[41] 〔美〕L. W. 安德森,L. A. 索斯尼克.布卢姆教育目标分类学:40 年的回顾 [M].谭晓玉,袁文辉,译.上海:华东师范大学出版社,1998.

[42] 〔美〕彼得•罗西,霍华德•弗里曼,马克•李普系.项目评估方法与技术(第 6 版) [M].邱泽奇,等,译.北京:华夏出版社,2002.

[43] 〔美〕伯顿•克拉克.高等教育新论:多学科的研究 [M].王承绪,徐辉,郑继伟,等,译.杭州:浙江教育出版社,1988.

[44] 〔美〕伯顿•克拉克.高等教育系统:学术组织的跨国研究 [M].王承绪,徐辉,殷企平,等,译.杭州:杭州大学出版社,1994.

[45] 〔美〕E. 格威狄•博格,金伯利•宾汉•霍尔.高等教育中的质量与问责 [M].毛亚庆,刘冷馨,译.北京:北京师范大学出版社,2008.

[46] 〔美〕约翰•布伦南,特拉•沙赫.高等教育质量:管理一个关于高等院校评估改革的国际性观点 [M].陆爱华,等,译.上海:华东师范大学出版社,2005.

[47] 〔美〕R. 爱德华•弗里曼. 战略管理:利益相关者方法 [M]. 王彦华,梁豪,译. 上海:上海译文出版社,2006.

[48] 〔美〕B. 盖伊•彼得斯. 政府未来的治理模式 [M]. 吴爱明,夏宏图,译. 北京:中国人民大学出版社,2001.

[49] 〔美〕埃贡•G. 古贝,伊冯娜•S. 林肯. 第四代评估 [M]. 秦霖,蒋燕玲,译. 北京:中国人民大学出版社,2008.

[50] 〔英〕杰夫•惠迪,萨利•鲍尔,大卫•哈尔平,等. 教育中的放权与择校:学校、政府和市场 [M]. 马忠虎,译. 北京:教育科学出版社,2003.

[51] 王浦劬,〔美〕莱斯特•M. 萨拉蒙. 政府向社会组织购买公共服务研究:中国与全球经验分析 [M]. 北京:北京大学出版社,2010.

[52] 〔美〕迈克尔•曼. 社会权力的来源(第一卷) [M]. 刘北成,李少军,译. 上海:上海人民出版社,2002.

[53] 〔英〕迈克尔•夏托克. 高等教育结构和管理 [M]. 王义端,译. 上海:华东师范大学出版社,1987.

[54] 〔美〕唐纳德•肯尼迪. 学术责任 [M]. 阎凤桥,译. 北京:新华出版社,2002.

[55] 〔美〕托马斯•库恩. 科学革命的结构:第4版 [M]. 金吾伦,胡新和,译. 北京:北京大学出版社,2003.

[56] 〔美〕詹姆斯•M. 布坎南. 自由、市场和国家:80年代的政治经济学 [M]. 吴良健,桑伍,曾获,译. 北京:北京经济学院出版社,1988.

[57] 〔美〕约瑟夫•M. 朱兰,约瑟夫•A. 德费欧. 朱兰质量手册 [M]. 北京:中国人民大学出版社,2003.

[58] 〔英〕大卫•柯林斯,李玉静. 英国职业教育学院质量的保障和改进 [J]. 职业技术教育,2012(21):44-45.

[59] 别敦荣. 论高等教育评估的功能 [J]. 高等教育研究,2002(6):34-38.

[60] 别敦荣. 论高等教育评估的基本特征 [J]. 辽宁教育研究,2004(4):14-16.

[61] 蔡正涛. 高等教育质量社会评价体系重构 [J]. 中国成人教育,2015(8):42-44.

[62] 陈玉琨. 试论高等教育评估的公平与效率问题 [J]. 上海高教研究,1998(12):23-26.

[63] 陈智述,马芫茗. 职业教育第三方人才培养质量评价体系研究 [J]. 职教论坛,2014(14):19-22.

[64] 崔炳辉. 整体性治理视域下高职院校治理体系研究 [J]. 江苏高教,2016(3):148-151.

[65] 段红梅. 我国政府绩效第三方评估的研究 [J]. 河南师范大学学报,2009(6):

47-51.

[66] 冯晖. 第四代教育评估理论及其应用效应 [J]. 上海教育评估研究, 2014(2): 29-34.

[67] 耿金岭. 对构建高职办学第三方评价体系的思考 [J]. 中国职业技术教育, 2012(33): 22-24.

[68] 何卫平. 简评伽达默尔的解释学辩证法 [J]. 哲学动态, 1997(9): 38-41.

[69] 柯常青. 对美国高等教育鉴认制度的探析与思考 [J]. 中国高等教育, 2004 (1): 46-47.

[70] 李骐. 英国职业教育中的评价制度研究及启示 [J]. 中国成人教育, 2011 (6): 108-111.

[71] 李文静, 周志刚. 德国职业学校质量可持续发展 OES 模式研究 [J]. 外国教育研究, 2011(1): 30-36.

[72] 梁卿. 论高职教育质量第三方评价的必要性: 一种教育经济学的解释 [J]. 职教论坛, 2014(22): 35-38.

[73] 梁卿. 职业教育质量第三方评价的概念探析 [J]. 职业技术教育, 2014(13): 47-50.

[74] 梁志, 赵祥刚. 高等职业教育的概念解析及其内涵的厘定 [J]. 山东师范大学学报(人文社会科学版), 2008(1): 88-91.

[75] 凌峰, 刘建一, 毛磊. 企业管理流程设计目标与理念及构建要素探索 [J]. 统计与决策, 2014(18): 180-183.

[76] 刘恩允. 高等职业教育外部质量评价机制探讨: 兼论中介性评估组织的建立和发展 [J]. 辽宁教育研究, 2003(12): 29-31.

[77] 刘康宁. "第四代" 评估对高等教育外部质量保障的启示 [J]. 国家教育行政学院学报, 2012(9): 45-49.

[78] 刘五驹. 评价标准: 科学性还是人文性 [J]. 教育理论与实践, 2014, 34(16): 23-26.

[79] 刘尧. 论教育评价的科学性与科学化问题 [J]. 教育研究, 2001(6): 22-26.

[80] 陆春阳. 让第三方参与职业教育人才培养质量评价 [J]. 职业技术教育, 2011(30): 64-65.

[81] 罗丹. 德国企业参与职业教育的动力机制研究: 基于 "双元制" 职业教育模式的分析 [J]. 职业技术教育, 2012(34): 84-88.

[82] 吕红, 石伟平. 澳大利亚职业教育质量保障体系探究 [J]. 外国教育研究, 2009(1): 85-91.

[83] 毛杰. 新制度经济学视角下的第三方教育评估环境研究 [J]. 中国大学教学,

2016（7）：73-79.

[84] 任占营.职业院校教学工作诊断与改进制度建设的思考［J］.国家教育行政学院学报，2017（3）：41-46.

[85] 孙维胜，董立平，姜传松.高等教育评估主体的价值链分析［J］.中国成人教育，2009（5）：17-19.

[86] 佟林杰，孟卫东.我国高等教育第三方评价体系构建研究［J］.当代教育论坛，2013（3）：25-28.

[87] 王报平，仇鸿伟.高等教育第三方评价：美国与日本的启示与借鉴［J］.科研管理，2015（1）：477-482.

[88] 王晨洁.治理理论视角下我国高等教育质量第三方评估机构存在的问题及对策［J］.东南大学学报（哲学社会科学版），2014，16（S2）：153-154，162.

[89] 王根顺，王成涛.高等职业技术教育的概念、性质与作用初探［J］.当代教育论坛，2003（6）：89-92.

[90] 王慧雯.芬兰高等教育外部评估机构及对我国的启示［J］.上海教育评估研究，2016（8）：58-61，70.

[91] 王启龙，石伟平.欧盟职业教育第三方质量评估模式在中国：成效与建议［J］.中国高教研究，2017（3）：97-101.

[92] 王小青.从关注质量主体的角度看高等教育质量评估［J］.现代教育管理，2010（2）：49-51.

[93] 王永林，王战军.高等职业教育评估的价值取向研究基于评估方案的文本分析［J］.教育研究，2014（2）：104-111.

[94] 王永林，王战军.论高等职业教育评估主体的构成［J］.职业技术教育，2011，32（25）：56-59.

[95] 王战军，王永林.监测评估：高等教育评估发展的新图景［J］.复旦教育论坛，2014（2）：5-9.

[96] 王征，蒋笑莉.关于在专业学位研究生教育中开展第三方评估的探讨［J］.中国高教研

[97] 温萍.论"第四代评估理论"对我国本科教学评估的启示［J］.中国成人教育，2010（17）：135-136.

[98] 吴岩.高等教育公共治理与"五位一体"评估制度创新［J］.中国高教研究，2014（12）：14-18.

[99] 吴艳茹.德国高等教育评估制度及其特点［J］.高校教育管理，2008（5）：22-25.

[100] 席成孝.我国高等教育质量第三方评估机制探析［J］.陕西理工学院学报（社

会科学版)，2014，32（11）：85-89.

[101] 谢小燕，顾来红，徐蓓蓓. 新管理主义的评估问题剖析与"第四代评估"理论的借鉴：基于场域视角 [J]. 南京理工大学学报（社会科学版），2014，27（2）：84-88.

[102] 徐兰. 以企业为主导的第三方职业教育质量评价体系构建 [J]. 职业技术教育，2010（1）：41-45.

[103] 杨旭东，闫志刚. 大学排名："第三方评价"的探索 [J]. 教育与职业，2011（31）：36-44.

[104] 袁媛. 基于第四代评价理论的高职第三方人才培养评价体系构建 [J]. 高教论坛，2017（4）：79-81，104.

[105] 张海峰，王义谋. 高等职业教育概念的科学界定 [J]. 中国职业技术教育，2002（18）：34-35.

[106] 张宏亮. 国外职业教育质量评价"第三方"参与状况对我国的启示：以美、英、德、澳四国为例 [J]. 职教论坛，2016（18）：86-92.

[107] 张宏亮. 行业企业参与职业教育质量评价研究：指标体系、实施路径及保障机制 [J]. 中国职业技术教育，2015（33）：5-9.

[108] 张洪华. 我国职业教育评估中介机构发展的条件分析 [J]. 职教论坛，2014（1）：31-34.

[109] 张新科. 教育评估：德国高等教育界推崇的监督模式 [J]. 外国教育研究，2004（7）：41-44.

[110] 赵福水，王建林，马芜茗，等. 职业教育第三方质量监控保障体系研究 [J]. 职业技术教育，2013（17）：59-61.

[111] 郑杭生. 从政治学、社会学视角看公民意识教育的基本内涵 [J]. 学术研究，2008（6）：19-22，30.

[112] 中国职业技术教育编辑部. 高职院校评估的现状与前景 [J]. 教育发展研究，2009（19）：54-57.

[113] 周海涛. 高等教育"管办评分离"的缘由与路径 [J]. 国家教育行政学院学报，2014（3）：3-8.

[114] 周俊. 基于质量提升的职业院校教学工作诊断与改进研究 [J]. 中国职业技术教育，2015（26）：35-38.

[115] 周应中. 高职专业第三方人才培养质量评价体系的构建 [J]. 职业技术教育，2012（5）：5-9.

[116] 朱永新. 中国古代教育理念之贡献与局限 [J]. 教育研究，1998（10）：56-61.

[117] 陈能浩. 社会转型时期高等教育评估中介机构的培育 [D]. 广州：华南师范

大学, 2004.

[118] 陈文娇. 我国教育中介组织失灵与治理之研究 [D]. 武汉: 华中师范大学, 2006.

[119] 代霞. 高等教育评估中介组织生存发展研究 [D]. 长沙: 湖南师范大学, 2005.

[120] 郭冬霞. 论我国政府对教育中介组织的管理 [D]. 郑州: 河南大学, 2005.

[121] 何敏. 美国第三方评估机构评估慈善组织的实践及对中国的启示 [D]. 武汉: 华中师范大学, 2016.

[122] 孔志华. 基于顾客满意的高职教育评估模式研究 [D]. 杭州: 浙江工业大学, 2007.

[123] 林克松. 工作场学习与专业化革新: 职业教育教师专业发展路径探析 [D]. 重庆: 西南大学, 2014.

[124] 刘波. 民间教育评估机构运行机制研究 [D]. 重庆: 西南大学, 2013.

[125] 刘吉林. 权力博弈下高等教育评估合法性研 [D]. 济南: 山东师范大学, 2011.

[126] 欧金荣. 试论中国高等教育评估中介组织的创新 [D]. 华中师范大学, 2003.

[127] 漆玲玲. 我国高等教育质量第三方评估模式研究 [D]. 武汉: 武汉大学, 2011.

[128] 王向红. 我国高等教育评估质量保证研究一元评价的视角 [D]. 武汉: 华中科技大学, 2007.

[128] 肖化移. 高等职业教育质量标准研究 [D]. 上海: 华东师范大学, 2004.

[130] 臧顿红. 我国高等教育第三方评估的有效性研究: 基于米切尔评分法的分析 [D]. 青岛: 青岛大学, 2017.

[131] Huebner A J, Betts S C. Examing Fourth Generation Evaluation: Application to Positive Youth Development[J]. Evaluation, 1999(7): 5.

[132] Barrack C, Cogliano J. Stakeholder Involvement: Mythology or Methodology? [J]. Evaluation Practice, 1993, 14(1): 33-37.

[133] Boyd P, Bloxham S. Developing Effective Assessment in Higher Education: A Practical Guide[M]. New York: Open University Press, 2007.

[134] Carroll A B. A Three Dimension Conceptual Model of Corporate Performance[J]. Academy of Management Review, 1979(4): 497-505.

[135] Clarkson M B E. A Stakeholder Framework for Analyzing and Evaluating Corporate Social Performance[J]. Academy of Management Review, 1995, 20(1): 92-117.

[136] Commission on Global Governance. Our Global Neighbourhood: The Report of the Commission on Global Governance[M]. Oxford: Oxford University Press, 1995: 2-3.

[137] Dill D D. The Regulation of Academic Quality: An Assessment of University Evaluation Systems with Emphasis [M]. North Carolina: University of North Carolina, 2003.

[138] Donaldson S I, Scriven M. Evaluating Social Programs and Problems[M]. London: Routledge, 2002.

[139] Eaton J S. Accreditation and Recognition of Qualifications in Higher Education: The United States[J]. Quality and Recognition in Higher Education, 2004(7): 63-74.

[140] Guba E G. Lincoln Y S. Fouth Generation Evaluation[M]. California: Sage Publications, 1989.

[141] Eisner E. Reshaping Assessment in Education[J]. Journal of Curriculum Studies, 1993, 25(3): 219-233.

[142] Freeman R E, Reed D L. Stockholders and Stakeholders: A New Perspective on Corporate Governance[J]. California Management Review, 1983, 25(3): 88-106.

[143] Friedman A L, Miles S. Developing Stakeholder Theory[J]. Journal of Management Studies, 2002, 39(1): 1-21.

[144] Goodpaster. Business Ethics and Stakeholder Analysis[M]. Division of Research, Harvard Business School, 1988: 108-120.

[145] Guba E G, Lincoln Y S. Guidelines and Checklist for Constructivist (Fourth Generation) Evaluation[EB/OL]. https://files. wmich. edu/s3fs-public/attachments/u350/2014/constructivisteval. pdf.

[146] Heap J. Constructionism in the Rhetoric and Practice of Fourth Generation Evaluation [J]. Evaluation and Program Planning, 1995, 18(1): 51-61.

[147] Hill J. Differences in the Consumer Decision Process for Professional vs. Generic Services[J]. Journal of Services Marketing, 1988, 2(1): 17-23.

[148] Kells H R. Self-study Processes: A Guide to Self-Evaluation in Higher Education[M]. New York: American Council on Education, 1995.

[149] Laughlin R, Broadbent J. Redesigning Fourth Generation Evaluation: An Evaluation Model for the Public-Sector Reforms in the UK? [J]. Evaluation, 1996, 2(4): 431-451.

[150] Lindsay R. Total Quality Management in Education[J]. British Journal of Educational Technology, 2006, 37(2): 312-313.

[151] Lay M, Papadopoulos I. An Exploration of Fourth Generation Evaluation in Practice[J]. Evaluation, 2007, 13(4): 495-504.

[152] O'Neill T. Implementation Frailties of Guba and Lincoln's Fourth Generation Evaluation Theory[J]. Studies in Educational Evaluation, 1995, 21(1): 5-21.

[153] Orsingher C, Darchini D, Giannini S, et al. Assessing Quality in European Higher Education Institutions[M]. Dordrecht: Springer, 2006.

[154] Rawls J. Justice as Fairness: Political Not Metaphysical[J]. Philosophy & Public Affairs, 1985, 14(3): 223-251.

[155] Russell N, Willinsky J. Fourth Generation Educational Evaluation: The Impact of a Post-Modern Paradigm on School Based Evaluation[J]. Studies in Educational Evaluation, 1997, 23(3): 187-199.

[156] Stufflebeam D L. The Methodology of Meta-evaluation as Reflected in Meta-evaluations by the Western Michigan University Evaluation Center[J]. Journal of Personnel Evaluation in Education, 2000, 14(1): 95-125.

附　　录

尊敬的 ××：

　　您好！

　　当前，我国正在积极构建现代高校治理体系，推进教育管办评分离，目的在于完善高等教育质量保障体系，提高高等教育评估质量，监督和引导高等教育健康发展。笔者的博士论文选题是"高等职业教育质量第三方评估研究"。第三方评估是指由教育中介机构、社会用人单位等独立于政府和学校的社会组织发动并具体实施的对高校教育教学工作的评估。《国家中长期教育改革和发展规划纲要（2010—2020 年）》和《教育部关于深入推进教育管办评分离　促进政府职能转变的若干意见》对推进教育管办评分离，促进政府职能转变的意义、原则和指导思想有明确规定。为详细了解我国高职院校的质量保障体系及第三方评估在我国的发展状况，我们特地前来贵单位拜访、调研，希望得到各位领导和老师的鼎力支持。本次调研采用无记名访谈方式，所采集的数据和信息仅供本书研究使用，将严格保密！

　　访谈问题：

　　（1）现在国家正在推进构建现代高校治理体系，促进教育管办评分离。您怎样看待教育管办评分离问题？为什么？

　　（2）请您谈谈贵校近五年为了保证教学质量都采取了什么具体举措？下一步的打算是什么？

　　（3）贵校的评估工作是如何进行的？有什么流程？有什么部门参加？您在其中承担什么工作？这种评估方式有什么好处和坏处？

　　（4）贵校和第三方评估机构是否合作过？如果有，是以哪种方式合作的？请谈谈您对第三方评估的认识。

　　（5）如果有，第三方评估在参与贵校的质量评估时主要面临哪些困难和问题？该如何解决？

　　（6）贵校通常如何掌握所在区域的产业发展需求信息？是否与区域内的行业、企业有过合作交流？在与行业、企业合作的过程中存在哪些困难？应如何解决？

　　（7）从人才培养质量的角度，您认为与高职院校教育质量评估利益有紧密关联

的是哪些群体？（如用工单位、教育行政管理部门、第三方评估机构、一线教师、学生）

（8）贵校在实施质量评估时与哪些群体进行过交流和合作？（如用工单位、教育行政管理部门、第三方评估机构、一线教师、学生）如何合作？

（9）为提高人才培养质量，您认为应如何改进高职教育质量评估模式？

尊敬的 ××：

您好！

当前，我国正在积极构建现代高校治理体系，推进教育管办评分离，目的在于完善高等教育质量保障体系，提高高等教育评估质量，监督和引导高等教育健康发展。笔者的博士论文选题是"高等职业教育质量第三方评估研究"。第三方评估是指由教育中介机构、社会用人单位等独立于政府和学校的社会组织发动并具体实施的对高校教育教学工作的评估。《国家中长期教育改革和发展规划纲要（2010—2020 年）》和《教育部关于深入推进教育管办评分离 促进政府职能转变的若干意见》对推进教育管办评分离，促进政府职能转变的意义、原则和指导思想有明确规定。为详细了解我国高职院校的质量保障体系及第三方评估在我国的发展状况，我们特地前来贵单位拜访、调研，希望得到各位领导和老师的鼎力支持。本次调研采用无记名访谈方式，所采集的数据和信息仅供本书研究使用，将严格保密！

访谈问题：

（1）您如何看待评估从教育管理部门剥离到第三方？为什么？

（2）您以及您所在部门会推进高职教育质量评估体制和模式的改革吗？为什么？

（3）您认为在推进高职教育质量评估体制和模式改革的过程中有哪些困难。应如何解决？

（4）请谈谈您对高职教育质量第三方评估的理解以及当前的政策环境和实施情况。您有什么好的对策与建议？

（5）为提高人才培养质量，您认为应如何改进高职教育质量评估模式？

附件三　第三方评估机构访谈提纲

尊敬的 ×× ：

您好！

当前，我国正在积极构建现代高校治理体系，推进教育管办评分离，目的在于完善高等教育质量保障体系，提高高等教育评估质量，监督和引导高等教育健康发展。笔者的博士论文选题是"高等职业教育质量第三方评估研究"。第三方评估是指由教育中介机构、社会用人单位等独立于政府和学校的社会组织发动并具体实施的对高校教育教学工作的评估。《国家中长期教育改革和发展规划纲要（2010—2020 年）》和《教育部关于深入推进教育管办评分离　促进政府职能转变的若干意见》对推进教育管办评分离，促进政府职能转变的意义、原则和指导思想有明确规定。为详细了解我国高职院校的质量保障体系及第三方评估在我国的发展状况，我们特地前来贵单位拜访、调研，希望得到各位领导和老师的鼎力支持。本次调研采用无记名访谈方式，所采集的数据和信息仅供本书研究使用，将严格保密！

访谈问题：

（1）现在国家正在推进构建现代高校治理体系，您如何看待第三方评估机构的生存空间？为什么？

（2）贵单位是否曾经参与高职教育质量评估？有哪些成效？员工的态度如何？

（3）贵单位是否愿意参与高职教育质量评估？为什么？

（4）当前，贵单位在参与高职教育质量评估过程中有什么困难和诉求？您认为该如何解决？

（5）为提高人才培养质量，您认为应如何改进高职教育质量评估模式？

附件四 企业管理人员访谈提纲

尊敬的 ××：

您好！

当前，我国正在积极构建现代高校治理体系，推进教育管办评分离，目的在于完善高等教育质量保障体系，提高高等教育评估质量，监督和引导高等教育健康发展。笔者的博士论文选题是"高等职业教育质量第三方评估研究"。第三方评估是指由教育中介机构、社会用人单位等独立于政府和学校的社会组织发动并具体实施的对高校教育教学工作的评估。《国家中长期教育改革和发展规划纲要（2010—2020 年）》和《教育部关于深入推进教育管办评分离 促进政府职能转变的若干意见》对推进教育管办评分离，促进政府职能转变的意义、原则和指导思想有明确规定。为详细了解我国高职院校的质量保障体系及第三方评估在我国的发展状况，我们特地前来贵单位拜访、调研，希望得到各位领导和老师的鼎力支持。本次调研采用无记名访谈方式，所采集的数据和信息仅供本书研究使用，将严格保密！

访谈问题：

（1）贵单位与高职院校是否合作培养人才？

（2）如果有合作，贵单位为什么想和高职院校合作培养人才？

（3）如果有合作，贵单位可以为高职院校提供哪些资源？

（4）如果有合作，会给您个人和贵单位带来哪些影响？

（5）如果有合作，贵单位将采取哪些措施确保合作效果？

附件五　企业一线职员访谈提纲

尊敬的××：

您好！

当前，我国正在积极构建现代高校治理体系，推进教育管办评分离，目的在于完善高等教育质量保障体系，提高高等教育评估质量，监督和引导高等教育健康发展。笔者的博士论文选题是"高等职业教育质量第三方评估研究"。第三方评估是指由教育中介机构、社会用人单位等独立于政府和学校的社会组织发动并具体实施的对高校教育教学工作的评估。《国家中长期教育改革和发展规划纲要（2010—2020 年）》和《教育部关于深入推进教育管办评分离　促进政府职能转变的若干意见》对推进教育管办评分离，促进政府职能转变的意义、原则和指导思想有明确规定。为详细了解我国高职院校的质量保障体系及第三方评估在我国的发展状况，我们特地前来贵单位拜访、调研，希望得到各位领导和老师的鼎力支持。本次调研采用无记名访谈方式，所采集的数据和信息仅供本书研究使用，将严格保密！

访谈问题：

（1）您认为企业是否应该参与高职院校的人才培养？

（2）您是否愿意与高职院校的教师一起培养学生？这会给您的工作和生活带来哪些影响？

（3）您一个月能花多少时间指导学生？能传授给学生哪些内容？

（4）你认为企业在培养学生的过程中存在哪些问题？该如何解决？